MARTIAL DEBRIFFE

Charlotte Corday

ÉDITIONS FRANCE-EMPIRE
13, rue Le Sueur, 75116 Paris
http://www.france-empire.fr

Vous intéresse-t-il d'être tenu au courant des livres publiés par l'éditeur de cet ouvrage ?

Envoyez simplement votre carte de visite aux
EDITIONS FRANCE-EMPIRE
13, rue Le Sueur, 75116 Paris

ou laissez-nous un message sur notre E-mail
france-empire@france-empire.fr

et vous recevrez, sans engagement de votre part, notre catalogue qui présente nos différentes collections disponibles chez votre libraire.

Vous pouvez également consulter ce catalogue sur le site internet de France-Empire
http://www.france-empire.fr

ISBN 2-7048-1000-1

IMPRIME EN FRANCE

Pour Annie.

CHAPITRE PREMIER

L'infortunée petite Normande

Comment Jean-François de Corday d'Armont aurait-il pu croire, en quittant le domicile parental de Cauvigny ce mois de novembre 1755, que la campagne normande lui manquerait tant ?

Lorsqu'il songe à son enfance, toute sa reconnaissance va vers son père, Jacques-Adrien et vers Marie, sa mère. Il leur sait gré de l'avoir ainsi élevé au grand air avec ses sept frères et sœurs [1], ses cousins et son amie Jacqueline dont il est le confident.

La situation sociale des Corday est appréciable. La noblesse de la famille remonte en effet à l'an 1077, d'une terre située dans la paroisse de Marçay, près de Vire. Leurs armoiries, « surmontées de la couronne de comte, portaient d'Azur à trois chevrons brisés d'or, avec la devise Corde et Ore », sont connues dans toute la Normandie. Jean-François descend directement de

1. Jean-Baptiste (1731-1803), Marie-Madeleine (1732-1745), Marguerite (1733-1803), Pierre (1734-1795), Anne-Françoise (1735-1757), Thérèse-Marthe (1739-1759) et Charles-Amédée (1745-1824).

Pierre Corneille par son arrière-grand-père qui a jadis épousé Marie Corneille, la fille de l'écrivain. Il est donc également apparenté à Fontenelle, neveu de l'auteur du *Cid*.

Lorsqu'il monte dans le carrosse qui le mène au prestigieux régiment de la Fère, il n'a pas d'autre choix ! Comme tant de cadets de ce siècle, il ne peut prétendre à l'héritage des biens réservés à l'aîné et seuls le métier des armes ou le séminaire pourront l'abriter de la pauvreté. A vingt-deux ans, il se dirige vers une carrière militaire et rêve d'offrir un jour à la famille de Corday la gloire qui lui fait défaut.

D'abord nommé enseigne, Jean-François répond aux ordres du neuvième maître de camp, le colonel François Louis de Salignac-Fénelon, neveu de l'ancien précepteur du duc de Bourgogne, auteur du *Télémaque*.

Après un court passage en Alsace au camp de Plobsheim, au début de la guerre de Sept Ans, il est promu lieutenant le 17 janvier 1757. Son nouveau grade ne lui permet pas pour autant de prouver sa vaillance au combat puisque son régiment est cantonné sur les côtes de la Méditerranée jusqu'en 1762.

Attiré par les jupons plus que par les canons, Jean-François ne résiste pas à la tentation de la chair. On le voit souvent très bien entouré... Jusqu'à emmener quelquefois ses conquêtes, le soir, dans la garnison. Le jeune homme prend de gros risques, car si l'ivrognerie est tolérée, la présence de femmes dans l'enceinte militaire demeure strictement interdite. L'armée craint les maladies vénériennes qui risqueraient de décimer les effectifs. Les prostituées surprises « à gueuser » avec le soldat sont fouettées pour l'exemple, et l'on atténue parfois leurs charmes en leur entaillant le visage.

Jean-François ne supporte pas cette discipline trop sévère qui se durcit encore durant les conflits. En cas de faute légère, les hommes sont punis à coups de canne. Pour les incartades plus importantes, c'est l'estrapade, « supplice par lequel on lie les mains derrière le dos et on élève [l'individu] avec une corde fort haut en l'air, puis on le laisse tomber jusque près de la terre, en sorte que le poids de son corps lui fait disloquer les bras ».

La rigidité des pratiques militaires lui convenant assez mal, Jean-François se porte toujours volontaire pour voyager. En 1763, il est envoyé à Collioure, la ville aux mille couleurs, et au Mont Saint-Louis, à huit lieues de Prades, très loin des champs de bataille. Ce poste de lieutenant ne peut satisfaire son esprit d'indépendance et sa soif d'espace et de liberté. Il se trouve par ailleurs dans l'incapacité financière d'acquérir sa propre compagnie, et sa carrière risque fort d'en pâtir. Jean-François choisit, face à cet horizon bouché, la seule solution envisageable, la démission. Avant le départ du régiment pour Rochefort, au début de l'année 1764, il décide de regagner sa Normandie natale. Il n'a alors que vingt-sept ans.

Jean-François rêve souvent du mont des Avaloirs, de la richesse de tous ces paysages ponctués de châteaux et de multiples abbayes. En rentrant au pays pour s'y établir, il ne pense pas avoir trop de difficultés à trouver un bon parti : son nom et son physique font de lui l'un des hommes les plus convoités de toute la contrée. Sa taille est assez élevée, ses yeux bleus confèrent à son visage une fraîcheur naturelle. Bien entendu, il porte l'épée, signe de sa condition, et chacun le salue respectueusement lorsqu'il arbore son costume de velours gris à rubans et dentelles. Catholique et de bonne éducation, il a toutes les qualités d'un honnête homme.

Depuis quelque temps, une idée occupe son esprit : sa cousine et amie d'enfance, Jacqueline-Charlotte-Marie de Gauthier de Mesnival des Authieux, n'a jamais caché son attirance pour lui. Une union avec cette descendante d'un écuyer du duc d'Alençon anobli en 1453, lui apporterait une dot confortable qui lui garantirait un certain confort matériel. La jeune fille habite seulement à une demi-lieue [1] du château des Corday où elle a passé une grande partie de son enfance. Mais Jean-François ne l'a pas revue depuis 1755. Durant sept ans à l'armée, il a brûlé sa vie; les splendeurs de Collioure et les nombreux voyages ont effacé peu à peu les souvenirs et les heureuses dispositions de son cœur. L'absence et la distance n'ont cependant pas chassé totalement la jeune fille de ses pensées.

La complicité de leur jeune âge, leurs jeux, leurs courtes querelles, les chagrins et les bonheurs communs sont toujours présents dans sa mémoire.

Lors de leurs retrouvailles, Jean-François constate avec plaisir que, malgré les années passées, Jacqueline est toujours éprise. Un tendre sentiment les rapproche bientôt. Leur union est célébrée, sans retard, le 14 février 1764, soit à peine un mois après le retour de Jean-François des armées.

Le contrat de mariage prévoit une dot de dix mille livres et une rente annuelle de cinq cents livres. Des revenus tout à fait honorables pour un jeune couple de

---

1. C'est-à-dire à deux kilomètres de Cauvigny.

noblesse provinciale. Adrien de Corday, quant à lui, s'engage à loger les jeunes gens à Cauvigny et à les nourrir gracieusement les premiers temps.

La vie des nouveaux époux semble donc vouée à la réussite d'autant que Jacqueline se montre toujours agréable et volontaire. Une grande passion unit le couple les premières années et un garçon, Jacques-François Alexis, vient rapidement cimenter leur union en 1765.

Cauvigny, la magnifique demeure de Jacques-Adrien de Corday, qui a résisté au temps grâce à une restauration constante, est de nos jours un bien privé. Imposante par sa dimension, l'épaisseur de ses murs et son « caractère », elle se confond dans un vaste horizon de forêts et de ruisseaux.

Les façades claires sont « rythmées par des poteaux traités en pilastres... La charpente, comme l'ensemble de la structure est en chêne... Originellement en tuiles plates, ainsi que le confirme la présence de débris encore visibles dans les combles, [la toiture de] Cauvigny est conforme à l'ensemble des couvertures de manoirs du pays d'Auge... La disposition des jardins se rapproche de celle observée au château de Flers où, conformément à la hiérarchie, ils se subdivisent en trois secteurs aux fonctions bien définies : le premier à usage de jardin d'agrément, recoupé en quatre carrés séparés par des allées sablées, le deuxième comme potager et le troisième en verger planté de pommiers et de poiriers en plein vent [1]. »

Jacques-Adrien s'ingénie à rendre agréables les séjours de ses invités qui apprécient le raffinement,

1. Extrait du bulletin *Journée du patrimoine 2000*, page 44.

l'hospitalité du châtelain et la beauté des lieux. Cauvigny vit au rythme des fêtes. Le père de Jean-François, vieillard de taille moyenne, à cheveux presque blancs et dont les yeux brillent d'une singulière vivacité, inspire le respect. Il n'est pas difficile de deviner, dans sa tenue, un homme du meilleur monde.

Afin d'assurer une intimité au jeune couple, Jacques-Adrien donne à son fils, en 1765, la ferme des Bois, une maisonnette située à une lieue et demie [1] du manoir paternel. Elle offre, pour toute ressource, un jardin à cultiver, une basse-cour, des lapins et quelques vaches. Le couple y habitera une année. Il fait bien froid l'hiver dans cette modeste demeure d'autant que Jean-François attend toujours le paiement de la dot de Jacqueline ! Le soir, le couple se réchauffe près du feu qui menace de s'éteindre au moindre courant d'air. L'humidité ronge les murs de leur logement et met leur santé en danger. Aussi, lorsque la deuxième grossesse de Jacqueline est confirmée, Jean-François, sous le conseil de ses cousins de Boisligny, fait l'acquisition du Ronceray, situé sur la commune de Saint-Saturnin-des-Lignerits, le 19 septembre 1765, par devant Maître Lepelletier, notaire à Cheux. En contrepartie, il s'engage à verser une rente de cinq cent cinquante livres à Mme Marescot de Montmirel, née Louise Bouley ; un achat à crédit en quelque sorte. Jean-François n'est pas inquiet : la dot de sa femme lui permettra de régler les échéances. Une fille prématurée, Marie-Charlotte-Jacqueline, y verra le jour en 1766 [2]. Un enfant mort-né la suivra en 1767.

1. Soit à six kilomètres.
2. Elle vivra jusqu'en 1774.

Situé entre Argentan et Vimoutiers, sur la route de Trun, le Ronceray est une petite ferme normande tout en torchis et colombages, à deux niveaux, avec un toit de tuiles plates. Elle sera classée monument historique par Jack Lang en 1989. La demeure est protégée à l'entrée par un très beau tilleul qui a résisté à toutes les intempéries, même à la tempête de 1999. Quelques arpents de terre, l'équivalent de quatre hectares, l'entourent. Jean-François y entretient une cinquantaine de pommiers et deux poiriers.

A l'intérieur, « une porte basse ouvre, entre deux étroites fenêtres, dans la cuisine, décrit M. Lecorbeiller, le 22 juillet 1938 au congrès de Vimoutiers. La cheminée large, mais sans profondeur, [se trouve sur la] gauche. Le plafond est bas. A droite... un escalier de bois conduit à deux mansardes [qui] communiquent par une petite porte surbaissée, percée dans le mur de terre de la séparation. La première mansarde possède une cheminée dont les jambages de pierre s'arrondissent en colonnes engagées avec base et chapiteau dans le style du XVIe siècle. La seconde est à peine logeable, du fait des contre-boutants de la charpente. Une trappe s'ouvre sur le grenier à pommes. Un trou permet d'atteindre [les] combles. »

La vie est difficile au Ronceray. Le chef de famille a bien du mal à nourrir les siens avec les maigres récoltes de ses quatre hectares de propriété. Le ménage frôle la misère. « Nous n'avons pas ici de gentilshommes plus pauvres que nous, avoue-t-il, mais je n'ai pas besoin de secours. »

En ce 27 juillet 1768, la chaleur accable ce pauvre Jean-François de Corday d'Armont qui, frappé par l'inquiétude, guette la naissance de son petit dernier. Il est bientôt père pour la quatrième fois.

Quelques instants plus tard, il enfourche son cheval et, au galop, s'en va annoncer à ses parents la venue de sa petite fille qui sera portée sur les fonts baptismaux dès le lendemain.

« Ce vingt-huit de juillet mil sept cent soixante-huit, par nous soussigné curé, a été baptisée Marie-Anne-Charlotte née d'hier [1] du légitime mariage de messire Jean-François de Corday, écuyer, seigneur d'Armont, et de noble dame Marie-Jacqueline de Gauthier, son épouse, de cette paroisse ; le parrain, messire Jean-Baptiste-Alexis de Gauthier, écuyer, seigneur de Mesnival ; la marraine, noble dame Françoise-Marie-Anne Levaillant de Corday ; le père présent. »

Le mystère du prénom de Charlotte Corday est depuis longtemps résolu. Celle-ci signe logiquement toutes ses lettres Marie. Or, lors de son procès, la jeune femme doit déclarer son état civil : Marie-Anne-Charlotte de Corday d'Armont, orthographié Darmans par le greffier. La presse de l'époque, soucieuse de simplifier les informations, ne retient que le dernier prénom et le premier nom de l'accusée et c'est ainsi que Marie d'Armont passe à la postérité sous le nom de Charlotte Corday.

1. Une ordonnance de François Ier avait contraint les prêtres à tenir un registre des naissances dès 1539. Louis XIV, quant à lui, obligera les parents à baptiser les enfants au plus tard le lendemain de la naissance !

Charlotte est un bébé bien en chair et vigoureux. Quelques cheveux blond cendré encadrent son malicieux visage!

Jean-François et Jacqueline, ravis d'être les parents d'une aussi jolie fille, s'attachent à cette enfant qu'ils comblent de leurs attentions.

Elevée par sa mère dans le calme des vergers et pâturages normands, la petite fille est gracieuse et enjouée. Franche, parfois excessive dans la manifestation de ses sentiments, elle se lie facilement d'amitié et s'amuse volontiers avec les fillettes de son village. « Elle mettait une fougue extrême dans ses jeux. Il fallait tout quitter pour jouer avec elle. »

Elle s'entend à merveille avec Fanchon Marjotte, surnommée la Marjotte, une fille de ferme recueillie au Ronceray par Jean-François.

L'été, Charlotte se réveille au premier chant du coq. « On se souvenait encore, en 1793, écrit M. Chéron de Villiers, d'avoir vu la petite [Charlotte], vêtue d'une simple robe de toile, les cheveux au vent, prendre ses ébats sous les grands pommiers qui bordent la route, près de la demeure de ses parents. »

Quand elle ne se promène pas, la fillette montre davantage d'aptitudes à travailler de ses mains, à la ferme, qu'à s'instruire. Bien que Jacqueline soit elle-même cultivée, elle ne prête que peu d'importance aux études de Charlotte et préfère lui apprendre l'art d'utiliser des aiguilles à tricoter ou un rouet.

Jean-François est sans cesse à la besogne. Il ne peut accorder à sa progéniture, encore augmentée par la naissance d'Eléonore en 1770, les soins minutieux et la surveillance que réclame une bonne éducation.

D'autres soucis plus graves le préoccupent en cette année 1774. Voici dix ans qu'il est marié, dix ans qu'il attend la dot de sa femme. Lui qui rêve de la vie fastueuse de Cauvigny, doit se résigner aux tâches de ferme et renoncer à tout plaisir pour remplir, avec acharnement, les devoirs de sa modeste condition. Eté comme hiver, à cinq heures du matin, toute la famille de Corday est sur le pied de guerre ; les uns aux labours, les autres aux tâches ménagères : chacun connaît son rôle. Jean-François condamne la paresse et l'oisiveté et hausse facilement le ton ; d'ailleurs Charlotte craint sa colère. Ainsi, dès son plus jeune âge, elle sait mettre la main à la pâte très habilement.

« C'était une personne accomplie, soumise, laborieuse... », témoignera Fanchon Marjotte.

A six ans, elle arrose les légumes, les cueille, étend le linge, donne à manger aux poules, ramasse les œufs frais.

Cependant, Jean-François envisageait un autre avenir pour ses enfants ! Lui-même passe ses journées aux champs ou au pressoir, garnit de foin les râteliers, renouvelle l'eau des auges, alors qu'il devrait jouir pleinement des rentes de cette dot ! Il commence à perdre patience. En 1774, à l'annonce du refus catégorique de la belle-famille de régler ses dettes, il menace d'entamer une procédure et impose à sa femme une rupture totale avec les siens. Charlotte ne reverra jamais plus ses grands-parents maternels !

Mais en attendant de passer à l'offensive, le pauvre homme rumine sa colère et dépose une requête à l'Assemblée de la Noblesse du baillage d'Alençon dont le titre laisse perplexe : *Protestation de M. Corday d'Armont, gentilhomme puîné de la paroisse du Mesnil-Imbert, près de Livarot, tant en son nom qu'au nom [de] tous les puînés et filles du royaume, sous l'autorité du Roi.*

Ses affirmations révèlent une certaine aigreur.

« Les aînés s'emparent des biens des puînés, les frères de celui des sœurs... On défend à un père d'avantager un de ses enfants au préjudice des autres, et on lui permet de marier sa fille avec un bouquet de roses ? »

On comprend aisément son amertume ! Fils d'un seigneur respecté, il s'est marié avec Jacqueline un peu par amour, et beaucoup parce que la dot versée devait lui permettre d'assurer un train de vie à la hauteur de son rang. Ainsi, pour une parole non tenue, il se trouve plongé dans la précarité, avec sa rage comme seul moteur !

Alors, lorsqu'il apprend la mort de Louis XV le 10 mai 1774, Jean-François se met à croire à un avenir meilleur. Ce roi n'a jamais soulagé son peuple, ni de la misère, ni de l'injustice fiscale. Les hommes sont usés par les guerres et manquent de pain pour nourrir leur famille ; la vie intime du souverain a longtemps choqué : en affichant ses maîtresses, Louis XV a fourni des arguments aux pamphlétaires les plus dangereux. L'attention de Jean-François se porte désormais sur le jeune Louis XVI et sur la reine Marie-Antoinette dont il attend qu'ils conduisent le pays avec fermeté sur le chemin de la justice.

Pleine d'espérances, 1774 sera surtout une année dramatique pour les Corday. Marie-Charlotte-Jacqueline meurt en août. Lorsqu'elle entend de sa chambre sa mère pleurer, Charlotte prend conscience que sa blessure ne se refermera jamais. Est-ce pour cette raison que dans les mois qui vont suivre, elle se montre emportée, agressive, aussi susceptible que son père ? A en croire Fanchon Marjotte, l'attitude de Charlotte serait intimement liée au décès de sa sœur. Jacqueline, malgré son chagrin, redouble d'égards et d'attentions pour son enfant, cédant parfois à ses caprices et à son plus grand péché, la gourmandise. On voit Charlotte à la cuisine quémander un morceau de poulet grillé que sa mère prépare pour le repas du dimanche. La volaille reste, en effet, ce qu'il y a de plus accessible, de plus populaire à l'époque et Charlotte ne s'en lasse pas... Elle n'aura malheureusement pas souvent l'occasion de satisfaire ses envies.

L'enfant se promène bien volontiers dans les bois des environs, principalement au temps des fraises, des framboises sauvages ou des mûres. Elle cueille sur l'arbre des poires bien fermes en compagnie de son frère Alexis, son aîné de trois ans, dont elle est inséparable.

Comme tous les enfants de son âge, Charlotte aime aussi, perchée sur les branches d'un pommier, au bord du ruisseau qui traverse le bas du terrain, fredonner et rêver, s'interrompant pour répondre aux saluts des paysans empressés d'offrir leurs hommages à la fille de leur seigneur. Plus tard, elle s'en souviendra avec émotion... Mais déjà, on l'appelle... On a besoin de ses bras.

Charlotte aide désormais sa mère à s'occuper de sa sœur cadette, Eléonore, qui souffre de malformations. Une paralysie partielle des membres empêche l'enfant de se déplacer. Les témoignages de l'époque montrent que Charlotte a acquis, dès l'âge de huit ans, une force de caractère exceptionnelle.

« Elle s'appliquait à tous les travaux du ménage pour soulager sa mère, témoigne Mlle Levaillant de Loyer [1], une amie des Corday... Elle remplissait les fonctions, dont elle avait voulu se charger, avec la maturité d'une petite femme... »

Les difficultés de la vie courante mûrissent en effet prématurément la petite fille. Elle se comporte en adulte au grand étonnement de son entourage.

« Je me rappelle qu'un matin, continue Mlle Levaillant de Loyer... On rapportait Charlotte pâle, la figure couverte de sang et presque évanouie à la suite d'une chute qu'elle venait de faire... Elle souriait pour rassurer sa mère alarmée, qui ne pouvait obtenir d'elle l'aveu de ses souffrances et qui disait à la mienne :

« – Cette fille est sans pitié pour elle-même : elle ne se plaint jamais et je suis obligée de deviner quand elle est malade, car elle ne le dirait pas. »

Fort heureusement, la naissance de Charles en septembre 1774 vient quelque peu égayer le ménage Corday, qui depuis quelques semaines vit dans le deuil de Marie-Charlotte-Jacqueline.

Six personnes s'entassent maintenant dans la maisonnette : outre les parents, Jacques, Charlotte, Eléonore, Charles s'abritent sous le même toit. On comprend aisément que le non règlement de la dot de Jacqueline ne soit pas la seule contrariété du couple... Tout va mal

---

1. Mlle Levaillant de Loyer deviendra de par son mariage Mme de Maromme et laissera des *Mémoires* bien utiles pour les historiens...

au Ronceray! Les revenus de la ferme diminuent d'année en année et les Corday sombrent dans la misère. Pour les sauver de l'indigence, Jacques-Adrien, le grand-père paternel de Charlotte, croit bon d'intervenir : au début de l'année 1775, il rappelle Jean-François et toute sa famille à Cauvigny, le temps de trouver une solution convenable aux conséquences de cette absence de paiement.

Là-bas, Charlotte passe certainement les plus beaux mois de sa vie. Heureuse dans ce cadre rustique et familier, elle se repose du rude quotidien de la ferme et profite de tous les avantages que procure une telle propriété.

Jean-François, quant à lui, établit un bilan de toutes les démarches qu'il a entamées depuis le jour où sa belle-famille l'a laissé avec ses enfants sans autre ressource que la ferme. La colère qui bouillonne depuis fort longtemps éclate enfin dans une lettre adressée à ses beaux-frères.

« Je ne conçois pas comment des gentilshommes peuvent donner des paroles et sans cesse les rétracter. Vous pouvez aller votre train, j'irai le mien et j'espère que vous ne me ferez pas de nouvelles propositions. Je n'en accepterais pas... » Le procès devient inévitable.

L'ambiance à Cauvigny est bien loin d'être saine pour une fillette de huit ans et Charlotte, qui se montre de plus en plus revêche, en ressent un profond malaise! Afin d'apaiser ses angoisses et de lui permettre de garder un bon équilibre psychique, Jean-François l'envoie chez son frère, Charles-Amédée de Corday, curé de Vicques depuis le 19 juin 1777.

La maison que Charlotte partage avec son oncle se trouve au bord d'une route. Une seule pièce éclairée par le feu de la cheminée constitue leur habitat. Souvent, Charles-Amédée se met au travail sur l'unique table, écrit des lettres de condoléances aux familles, prépare ses prêches. Il accepte les dures conditions d'existence du prêtre, ce qu'il n'aurait pas soupçonné lors de son ordination.

Chez le curé, chaque jour et durant un an, Charlotte étudie l'histoire, la géographie, le latin, les mathématiques, et bien sûr la théologie. Son orthographe est fantaisiste, son écriture maladroite et ses connaissances rudimentaires. Quel plaisir d'écouter cet homme qui répond à toutes ses interrogations... Avec lui, elle retrouve son âme d'enfant et redécouvre la joie de vivre, le plaisir des jeux et de l'instruction.

Son enthousiasme et son espièglerie lui attirent parfois les foudres de son oncle : avant de se rendre à la messe, elle court les champs, ses longs cheveux châtain clair en désordre, pour y cueillir campanules et digitales dont elle fait claquer les pétales, à l'église, en plein sermon, comme le racontera un paroissien quelques années plus tard. Elle rétorque sans hésiter à Charles-Amédée qu'elle préfère s'amuser à l'office, quitte à être grondée, plutôt que de se voir félicitée pour sa sagesse et de s'y ennuyer ! Même si ce témoignage doit faire l'objet d'une certaine réserve, il apporte une certitude : Charlotte se plaît chez son oncle, qui lui rend un grand service en développant ses connaissances.

Charles-Amédée sait que l'ambiance, au Ronceray, ne permet pas à une enfant de huit ans de s'épanouir. « L'affaire » de la dot non réglée, jugée devant le bailliage d'Exmes, le 3 août 1775, ne donne pas satisfaction à Jean-François. Six mois plus tard, sous prétexte d'interjeter appel, il emmène toute sa famille à Caen. La raison invoquée demeure peu convaincante car le parlement de Normandie, chargé d'examiner la requête, siège alors à Rouen ! Pourquoi Jean-François ne s'y est-il pas installé ? Il est fort probable, en fait, qu'une dispute ou une incompatibilité d'humeur avec son père Jacques-Adrien soit à l'origine du départ des Corday pour la capitale de la Basse-Normandie. « Cette hypothèse, précise judicieusement Catherine Decours, semble confirmée, par le fait qu'après la mort de sa femme, Jean-François de Corday, seigneur d'Armont, quittera Caen sans retourner à Cauvigny ; il séjournera quelque temps à Vicques, chez son frère, avant de s'installer sur son petit domaine de la ferme des bois. »

Le Ronceray sera loué. On a souvent affirmé que la propriété avait été revendue immédiatement, mais un rapport de la municipalité des Ligneries, daté du 3 septembre 1792, prouve le contraire.

« M. Corday possède une cour nommée le Ronceray et un pré y tenant... »

Et c'est avec le fruit de cette location que Jean-François pourra regagner la ville.

Rapidement, il informe Charlotte de leur départ et l'oblige, malgré les réticences de la jeune fille, à quitter son oncle et sa campagne natale.

Les origines de Caen, Charlotte les connaît bien. Charles-Amédée n'a pas manqué de les lui raconter. Elles sont fort obscures : les uns pensent qu'elles remontent aux Phéniciens [1], d'autres affirment que l'ancien nom de la ville, Cathim, a été attribué par les

1. Voir *Caen en 1786* par Adolphe Poignant, Debécourt, 1840.

Saxons vers le ve siècle. Les historiens des XIIe et XIIIe siècles, quant à eux, l'appellent Caam, Cham, Cam ou Caem. Le nom de Caen semble avoir définitivement prévalu au cours du XVe siècle.

Lorsque Guillaume Le Conquérant, né à Falaise, devient roi d'Angleterre en 1066, il fait édifier le château et deux abbayes qui contribueront « au développement tripolaire de la ville ». Caen constitue alors un enjeu considérable entre l'Angleterre et la France, pendant près de quatre cents ans. Le duc de Bedford, dernier seigneur « anglois », lui a légué l'université qui jouera un rôle important durant les guerres de religions et la Fronde. Traversé par quatre cours d'eau, l'Orne, la Noë, le petit et grand Odon, Caen, au printemps 1776, se « pare de tant d'églises, de maisons, et d'habitants que c'est à peine si elle se reconnaît inférieure à Paris ».

Vivre en ville ne séduit absolument pas la petite Charlotte. Elle est saisie, d'ailleurs, d'une telle émotion, qu'elle en reste plusieurs jours sans manger ni boire. Mais sa gourmandise a tôt fait de prendre le dessus et de la remettre très vite sur pieds.

Dès sa première sortie, elle est frappée par la multitude des styles, la beauté des monuments religieux et l'architecture imposante du château qui offre un magnifique panorama sur la ville « aux cent clochers ». Construit pour être avant tout une demeure princière, ce vaste palais de cinq hectares environ, présente l'avantage d'être doté d'un système défensif. On y accède par une tour-porche, incluse dans un bâtiment de plan carré situé au nord, percé au rez-de-chaussée d'un passage voûté. A l'intérieur, la salle principale mesure seize mètres sur huit. L'épaisseur des murs dépasse les quatre-vingts centimètres.

Subjuguée par l'important édifice, Charlotte se plaît à déambuler avec son frère Alexis dans la cité. De subtils effluves émanent des auberges et se mélangent aux relents des égouts déversés à même la voie. Si elle avait l'âge de lire et de comprendre Mme de Sévigné, Charlotte serait sans doute de son avis !

« La plus jolie ville, la plus avenante, la plus gaie, la mieux située [avec] les plus belles rues, les plus beaux bâtiments, les plus belles églises, des prairies, des promenades et enfin la source de nos plus beaux esprits », écrit l'épistolière à sa fille, Mme de Grignan.

A la fois cité historique et religieuse, Caen suscite l'admiration par ses magnifiques hôtels et ses jardins. Toutes ces demeures ne peuvent que fasciner une enfant de huit ans qui n'a jamais quitté sa campagne...

Jean-François élit domicile au numéro 11 de la rue Basse, sur la butte Saint-Gilles, proche de la ville mais située au-delà de ses murs. Cette maison aux multiples fenêtres n'est pas si grande qu'elle le laisse d'abord supposer. Les pièces étriquées se suivent en enfilade et les plafonds bas donnent un sentiment de claustration. Seule la lumière des fenêtres atténue la morosité de l'ensemble, modestement décoré par Jean-François.

« La famille vivait avec la plus stricte économie, et voyait peu de monde, écrit Mme de Loyer... M. et Mme d'Armont s'imposaient [des] sacrifices pour subvenir aux dépenses de leur fils aîné et se préparer à celles qu'allait bientôt susciter le [cadet]. Leur père, homme doux et grave, avait l'habitude de mettre son argent dans un tiroir ouvert à ses enfants. Il leur en disait le chiffre, leur détaillait l'emploi qu'il comptait en faire, et, par cette confiance, atteignait pleinement son but. Il leur faisait connaître la modicité de ses ressources, et combien il fallait d'économie pour qu'elles pussent suffire aux besoins de la maison. »

Le logement se trouve non loin de l'Abbaye-aux-Dames où Charlotte passera son adolescence. Dans ce quartier très modeste, elle côtoie marchands, artisans, boutiquiers et coule des jours plus paisibles qu'au Ronceray.

Les années ont passé... En 1779, un événement que la jeune fille n'attend pas, la marque profondément : le départ de son frère Alexis pour l'école militaire de Beaumont-en-Auge. Elle a onze ans, il en a quatorze. Malgré leur différence de caractère, les deux enfants sont attachés l'un à l'autre. Ils ont grandi ensemble et l'aîné a toujours veillé sur sa sœur.

Charlotte a bien du mal à dissimuler sa peine devant son père. Jean-François, lui, exulte, car c'est un honneur pour la famille. Cette école a été fondée sous Louis XV par l'édit de 1751, pour une noblesse de province, souvent pauvre et incapable de pourvoir elle-même à l'éducation de sa progéniture. Elle reçoit bien des candidatures pour peu d'élus. Alors, évidemment, l'admission d'Alexis comble Jean-François dont la carrière au régiment de La Fère fut, on le sait, un demi-échec.

Pendant deux années, la jeune Normande s'épanouit et vit heureuse au sein de sa famille. Eléonore l'aide au ménage, diminuant ainsi la quantité de ses tâches.

Charlotte porte souvent une robe bleu clair unie et soigne sa coiffure sans encore porter le chapeau. Louise Françoise Pesnel, qui a aperçu quelquefois Charlotte dans le quartier de la rue Basse, le confirme :

« Elle avait un ruban autour de la tête et ses cheveux plats ou tressés tombaient en aval sur le dos. » La fillette rend de fréquentes visites à ses connaissances Mme de Bretteville ou Mlle Thouars de La Chevallerie et pousse, de temps en temps, sa promenade quotidienne jusqu'à Vicques, chez son oncle.

Une seule ombre au tableau : Jean-François avec son ennuyeux procès à rebondissements et ses pensées politiques.

« M. de Corday d'Armont embrasse la cause des idées rénovatrices, écrit justement Adolphe Huart, et dans l'assemblée provinciale – où il siégera comme administrateur de la paroisse – il demande, non seulement la réforme des abus du régime féodal, mais encore l'élaboration prochaine de lois en harmonie avec l'esprit progressif de l'époque. »

Les textes de Jean-François ne seront publiés qu'à la veille de la Révolution, mais c'est bien pendant son séjour à Caen que le père de Charlotte va noircir des dizaines de pages sur les sujets les plus divers : le droit d'aînesse, bien sûr, mais aussi l'égalité des hommes.

« Renonçons par bienfaisance à des privilèges que nous serions un jour obligés d'abandonner par nécessité... Je renoncerais [aux miens] avec plaisir si tôt que cela contribuera au soulagement de la misère publique... », écrit-il dans un de ses « cahiers » intitulé *Supplément au système des partages*, signé J. d'Armont, ami de Platon !

Les idées de Jean-François sont, en effet, très proches de celles, non de Platon mais de Montesquieu ou de Rousseau !

« Qu'est-ce qu'un impôt ? continue-t-il. C'est une masse faite pour l'avantage public dont chaque particulier jouit en proportion de sa fortune ; il doit y contribuer dans la même proportion, et celui qui n'a rien ne doit payer rien ! » Quant à l'exemption d'impôts du clergé et de la noblesse, elle est « injuste et illégale ».

On a souvent affirmé que les pensées novatrices de Jean-François avaient eu « un écho puissant dans l'esprit de sa fille ». A cette époque Charlotte sort de l'enfance ! Bien entendu, elle voit la misère sur les trottoirs de Caen et écoute les discours passionnés de son père. Mais elle ne les comprend pas et n'y attache aucun intérêt particulier.

Pour Jean-François, Marie-Antoinette est responsable de bien des maux ! Le peuple ne l'aime plus. En tant qu'Autrichienne, elle est accusée de correspondre avec le vieil ennemi et, depuis le début du règne, de dilapider les deniers de l'Etat ! La reine est joueuse et, à la fin des années 1770, elle mise des sommes si énormes que Louis XVI ayant appris ce qui se trame à Marly, dès son départ, « revient vers minuit, rafle tout ce qui était sur les tables et le fait distribuer aux pauvres ! » Marie-Antoinette peut perdre jusqu'à cent mille livres par soirée [1] ! Il est impossible que le peuple l'ignore.

Sans compter, ajoute la comtesse de La Marck, que « la reine va sans cesse à Paris, à l'opéra, à la comédie,

1. Soit l'équivalent de 519 000 euros. Voir les pages annexes.

fait des dettes, s'affuble de plumes, de pompons et se moque de tout ».

Le petit Trianon, à lui seul, est un gouffre financier. Le roi lui a offert l'année de la mort de Louis XV des grottes, des ponts sur la rivière, le temple de l'amour, les jardins anglais, la maison de Mailly, la tour de Malborough, des moulins, une laiterie, une ferme... Tous ces travaux coûteux qui transforment cet endroit de charme en un village d'opéra comique, commencent à faire grand bruit.

« Le sentiment qui perce le plus en elle est son désir ou plutôt sa volonté décidée d'être absolument indépendante... Elle ne veut ni être gouvernée, ni même guidée par qui que ce soit. C'est le point sur lequel ses réflexions paraissent être maintenant concentrées. Hors de là, elle ne réfléchit encore guère, et l'usage qu'elle fait jusqu'ici de son indépendance le prouve assez puisqu'il n'a porté que sur des objets d'amusements et de frivolités », déplore le baron Fichier, secrétaire de Marie-Thérèse d'Autriche, la mère de Marie-Antoinette.

L'insouciance de la reine est certes condamnable, mais elle paiera très cher le prix de ses amusements. Lors de la révolution, le peuple insurgé pénétrera au Trianon, cherchant dans les murs de la ferme des diamants incrustés ! Indéniablement, Marie-Antoinette a été victime de calomnies.

Toutes ces considérations, les critiques du peuple, l'évolution des idées passionnent Jean-François. Mais, à la fin de l'année 1781, il se détourne quelque peu de la politique à l'annonce de la septième grossesse de Jacqueline qui court de grands risques, d'autant que les six accouchements précédents ont altéré sa santé. Quatre mois plus tard, de vives douleurs lui déchirent le ventre. Sa fin est proche. Un vent glacial souffle en tourbillons ce jour-là. Sur son lit taché de rouge sombre, elle donne naissance à un petit garçon mort-né et quitte le monde sans avoir pu adresser un dernier adieu à ses enfants.

« Aujourd'hui, mardy neuf avril mil sept cent quatre-vingt-deux le corps de noble dame Jacqueline Marie Charlotte de Gautier, âgée de quarante-six ans, femme de Jacques François de Corday, écuyer, sieur d'Armont, décédée d'hier en cette paroisse munie des sacrements de pénitence et d'Extrême Onction, a été inhumé dans le cimetière de ce lieu, par nous curé dudit lieu, soussigné en présence de Jean Pierre Marc Lefoyer expectant, et de Jean Baptiste Tapin, sacristain laïque de cette paroisse, qui ont signé avec nous.

« Lefoyer, J.B. Tapin, Gombaut Duval, curé de Saint-Gilles. »

Charlotte surmontera difficilement une telle épreuve. Elle gardera le souvenir de la mort, du visage de Jacqueline ravagé par la douleur et le goût de l'ultime baiser déposé sur le front de la défunte. Avec sa maman s'est envolée la plus belle part de sa vie. Très vite, elle reproche à Jean-François son égoïsme et son incompréhension. Seul le curé Gombault, qui a confessé pour la dernière fois Jacqueline, semble trouver les mots justes pour calmer sa peine.

La disparition de sa mère va resserrer les liens qui l'unissent à sa sœur Eléonore.

Tous les matins, les deux sœurs vont au cimetière Saint-Gilles et se recueillent de longues heures devant la tombe.

Jean-François prend conscience de son rôle de père : il lui faut sortir Charlotte, Eléonore et Charles du désarroi qui les guette. Il décide de quitter Caen, accompagné de Charlotte, et rejoint son frère Amédée à Vicques. Très rapidement, il trouve une solution pour éloigner son fils et recouvrer ainsi plus de liberté pour se consacrer... à son procès [1].

Charles suivra les pas d'Alexis au collège militaire de Beaumont-en-Auge. Il y entreprendra une grande carrière.

Pour les filles, la situation est plus délicate car elles ne peuvent envisager un mariage : nul n'est assez insensé pour demander la main d'une petite noble ruinée.

Aussi, Jean-Francois a une idée ! Par l'intermédiaire de M. de Saint-Chamans, son ancien commandant au régiment de La Fère, il sollicite pour Charlotte et Eléonore l'entrée à la maison de Saint-Cyr, école créée par Mme de Maintenon pour les jeunes filles nobles et pauvres du royaume. Il pense alors pourvoir ses enfants d'une éducation sérieuse et les entourer d'un groupe de compagnes avenantes.

Jean-François compte peut-être, par ce choix, éveiller chez sa fille le goût d'une vie mondaine. Sans aucun doute, cette institution permettrait à Charlotte de progresser dans son instruction et même de briller au sein d'une société respectable.

1. Le litige prendra fin en juillet 1810, par une transaction de 26 535 livres au profit des héritiers de Jean-François, c'est-à-dire à la veuve d'Alexis, la belle-sœur de Charlotte.

Le rêve de Jean-François n'a rien de surprenant. On peut tout à fait concevoir la hâte et l'ambition d'un père à vouloir placer Charlotte dans un milieu en harmonie avec ses qualités et ses origines !

Cependant les hautes sphères sont difficiles à pénétrer quand on s'appelle de Corday ! Surtout lorsqu'on a un père auteur de textes acerbes envers le pouvoir et ses injustices et une mère dont la famille ne tient pas ses promesses ; l'avenir semble bien compromis !

Jean-François, pourtant prêt à faire quelques concessions financières, se voit catégoriquement refuser l'entrée de Saint-Cyr pour ses filles.

Découragé, il se tourne vers des établissements réputés de la région caennaise comme Les Nouvelles Catholiques d'Alençon ou La Visitation. Mais la pension de trois cents livres exigée, en plus du trousseau, met très vite fin à ses ambitions. Le bon curé Gombault rappelle alors à M. de Corday que le couvent de la Trinité de l'Abbaye-aux-Dames, à Caen, où il exerce ordinairement, accueille cinq pensionnaires extraordinaires placées par le roi. Les démarches entamées, Jean-François garde espoir. Quelques jours plus tard, Charlotte reçoit une lettre d'admission qui fera d'elle et de sa sœur des jeunes privilégiées.

Jean-François refuse d'accompagner ses filles au couvent, sans doute pour ne pas dévoiler le chagrin qui le ronge. Il pense qu'elles ont de fortes chances de ne plus jamais en sortir.

Charlotte, ses effets sous le bras, descend tristement avec l'abbé Gombault et sa sœur Eléonore la grande allée qui la mène au centre de la ville. Son maintien modeste, sa mise simple et soigneuse lui confèrent une allure de pensionnaire modèle. Elle avance doucement, à petits pas, les cheveux au vent, dans sa robe noire unie. De temps en temps, elle porte son mouchoir à son visage, comme pour dérober aux passants ses yeux rougis, gonflés de larmes. A l'entrée de la ville, elle se dirige lentement vers sa nouvelle demeure, par la rue principale, promenade fort belle et fréquentée. La porte du cloître se referme bientôt derrière elle... pour neuf ans.

CHAPITRE II

Une adolescente éclairée

Située en haut d'une colline dominant la vallée de l'Orne, l'Abbaye-aux-Dames est un endroit qu'aucun touriste amoureux du patrimoine normand ne devrait ignorer. Les bâtiments monastiques qui se trouvent au sud de l'église constituent un corps indépendant, harmonieux, mais bien trop grand pour les trente-quatre religieuses de l'époque.

L'histoire de sa construction commence il y a plus de neuf cent cinquante ans...

Au début de l'année 1050, Guillaume, duc de Normandie, demande la main de Mathilde, fille du comte Baudoin V de Flandre. Le pape Léon IX, peu favorable au rapprochement des deux familles, cherche par tous les moyens à éviter cette union. Quelques mois plus tard, lors du concile de Reims, il interdit les mariages entre cousins jusqu'au septième degré dans le seul but de décourager les amoureux apparentés au cinquième rang. Qu'à cela ne tienne ! Les noces sont célébrées au château d'Eu, au Nord de la Seine-Maritime, et en grande pompe !

Léon IX, furieux, menace le couple d'excommunication et rompt toute relation diplomatique.

En 1059, Guillaume et Mathilde obtiennent le pardon du pape Nicolas II et font ériger, en contrepartie, deux abbayes bénédictines : ainsi naîtront l'Abbaye-aux-Hommes et l'Abbaye-aux-Dames. Guillaume espère sans doute aussi qu'en fondant ces deux édifices qui contribueront à la pacification et à la christianisation, il contrôlera mieux la Normandie.

Après la bataille d'Hastings, le 14 octobre 1066, et la conquête de l'Angleterre par Guillaume, devenu le Conquérant, les travaux à l'Abbaye-aux-Dames redoublent d'intensité. Ils s'achèveront en 1080.

Le monument est construit en pierre de Caen, calcaire très facile à tailler qui, au contact de la lumière, blanchit et durcit [1]. Les bâtiments résisteront plus de six cents ans. Mais en 1698, Mme Froulay de Tessé, nommée abbesse par Louis XIV, affolée par l'état des lieux, confie la direction des travaux de restauration à Dom Guillaume de La Tremblaye, moine bénédictin de la congrégation de Saint-Maur et fondateur de l'abbaye de Saint-Germain-des-Près. La rénovation, entamée en 1704, s'achève quelques mois avant l'arrivée de Charlotte Corday. Le jour de son admission, l'abbesse du couvent, Mme de Belzunce, entreprend la visite de l'abbaye qui n'a guère changé depuis...

1. En raison de son excellente qualité, la pierre de Caen a été exportée dans le monde entier. On la retrouve sur la Tour de Londres, à l'Abbaye de Westminster, sur l'autel de la cathédrale de New York, par exemple.

« Trois ailes constituent l'édifice : l'aile nord à vocation économique, l'aile sud à vocation culturelle et enfin l'aile ouest aussi appelée aile de l'horloge qui établit la jonction entre les deux premières, explique Philippe Laroche. C'est un cloître un peu particulier, ouvert sur le parc. En effet, la quatrième aile n'a jamais pu être construite... Elle aurait alors ressemblé à un péristyle assez bas avec deux rangées de colonnes ouvertes. »

On ne connaît malheureusement pas l'emplacement exact de la cellule que la Mère Supérieure présente à Charlotte. Une seule certitude, elle ne se compose que du strict nécessaire : un lit, une table, une chaise et un crucifix. De sa fenêtre, la jeune fille peut admirer le jardin agrémenté de plates-bandes de fleurs, dont les couleurs éclatantes dessinent d'agréables compositions parsemées de bosquets et d'arbustes du plus bel effet.

Charlotte a accès aux parties communes, disposées en enfilade dans le pavillon nord : l'infirmerie, la buanderie, le garde-manger, le fournil, le réfectoire réservé aux novices et aux pensionnaires et enfin les cuisines placées à l'extrémité du bâtiment pour éviter la propagation trop rapide des flammes, en cas d'incendie.

Terrassée par la fatigue, Charlotte se retire, dès sa première nuit à l'Abbaye-aux-Dames, dans la modeste chambre où elle méditera bientôt les théories des philosophes des Lumières. Trop épuisée pour laisser son imagination divaguer, elle prend simplement le temps de constater qu'on a largement exagéré la sévérité de l'Abbesse. Charlotte lui trouve même une certaine gaieté. Mme de Belzunce s'est montrée plus disponible pour elle, en une journée, que son père, en quatorze ans. Demain, la supérieure lui a promis de l'informer du règlement intérieur du couvent. Charlotte s'attend à remplir ses devoirs en respectant les règles de chasteté, de pauvreté et d'obéissance. Elle pense consacrer l'essentiel de son temps au service divin : matines à minuit, primes à six heures, tierces à huit heures et demie, la grand-messe, successivement none à midi, vêpres à trois heures, complies à six heures. Quelle ne sera pas sa surprise ! Toutes les sœurs sont issues de la noblesse normande et aucune ne respecte la charte de Saint-Benoît. Elles sortent régulièrement, assistent en ville à des cérémonies religieuses et séjournent même dans leur famille respective. Bref, Charlotte qui pensait subir un quotidien très strict, rythmé de prières, est soulagée.

Les trente-quatre religieuses l'adoptent très vite et ne peuvent retenir un sourire de tendresse à la vue de cette jolie fille.

« J'avais d'abord remarqué Mlle de Corday, pour sa beauté, à la fois noble et gracieuse, témoigne Louis du Bois, un grand témoin de l'adolescence de Charlotte. Jeune, fraîche, si touchante et si belle, [...] modeste dans sa pose toujours naturelle, elle voilait d'une teinte de mélancolie la vivacité de ses regards. Les plus harmonieuses couleurs paraient ses lèvres et ses joues ; les onduleuses boucles de ses cheveux [châtains] et l'arc bien dessiné de ses sourcils noirs donnaient à sa figure la plus ravissante expression, son œil bleu à la fois spirituel, tendre [...] ajoutait une [élégance] infinie aux modulations douces et pures de son organe vocal. »

A cette description physique, ajoutons qu'elle mesure un mètre soixante-sept. Sa longue robe sombre, unie, laisse deviner des formes naissantes qui ne manquent pas d'attraits. Cependant, les religieuses sont surtout frappées par son intelligence. Elle apparaît comme l'un des esprits les plus fins et les plus déliés. Sa pertinence étonne, la rigueur de sa raison surprend. Extrêmement têtue, elle s'accroche à ses idées lorsqu'elle les croit justes. Elle se forge une opinion de tout, et en change rarement. « Elle résistait, raconte un témoin de sa jeunesse, elle avait des convictions et les défendait même contre un curé, un confesseur, et les aurait aussi bien défendues contre un évêque ; cela ne l'empêchait pas de se confesser comme tout le monde. Seulement, elle avait plus de force et d'indépendance que les autres jeunes filles de son âge. L'abbesse elle-même en était effrayée. »

L'adolescence de Charlotte, déterminante dans la formation de son caractère, semble profondément marquée par la solitude. Elle se retrouve trop souvent livrée à elle-même, au point que ses pensées deviennent obsédantes.

Même si l'Abbaye-aux-Dames n'a pas l'austérité d'un couvent classique, Jean-François a commis une terrible erreur en plaçant Charlotte à l'écart de la société. La jeune fille n'est entourée que de femmes trop mûres, terriblement ennuyeuses pour une fille de quatorze ans.

Notre pensionnaire mène une vie trop bien réglée : elle se lève, difficilement, avant quatre heures, déjeune à onze, dîne à cinq. Elle assiste, bien entendu, à tous les cantiques. Chaque jour, Charlotte est « dépendante de la cloche »... Le reste du temps, elle essaie de rattraper le retard de son instruction. Sa correspondance des débuts du séjour à l'Abbaye-aux-Dames, truffée de fautes d'orthographe, révèle d'importantes lacunes! « Jaurès eu lhonneur, Madame, de vous écrire plutôt et de vous remercier de votre souvenir... » (sic!)

En l'absence de professeurs à l'Abbaye-aux-Dames, les religieuses essaient surtout d'éveiller la curiosité de l'élève aux différentes matières enseignées. Cette méthode s'avère appropriée au caractère de la jeune fille qui se plonge passionnément dans les études et la lecture. Dès huit heures, Mme de Pontécoulant lui dispense un cours de littérature : Racine, Molière et la tragédie classique ont la préférence de la religieuse.

Mme Le Masson, jeune et belle femme au teint frais et aux yeux bleus étincelants, la remplace vers neuf heures pour une séance détestée par Charlotte : la géographie. Mme de Vrigny, plus droite, sévère et sans attrait physique, lui enseigne l'Histoire, de l'antiquité jusqu'à la fin du règne de Louis XIV. Enfin, lorsque la cloche sonne dix coups, le père Gosselin ouvre la porte de la salle d'étude pour sa leçon de théologie.

On a souvent souligné le goût prononcé de Charlotte pour la religion, dès son plus jeune âge. Mais, peut-elle avoir d'autres passions? Elevée par des religieuses, elle n'a pour tout horizon que la vie paisible du couvent. Bien sûr, elle peut tout naturellement envisager de prendre un jour le voile. Comme le dit Jacqueline Dauxois, Charlotte présente « un état d'esprit caractéristique de celui des jeunes filles qu'on plaçait dans ces lieux de prière, de méditation, de retraite et de culte ».

L'après-midi, les loisirs sont un peu plus variés. Charlotte se consacre à la broderie, à la tapisserie et à la prière. Dans ces moments, elle laisse libre cours à sa bonne humeur, rit aux éclats des plaisanteries et des aventures de chacune. On évite les apartés en se disposant en cercle, de sorte que chaque religieuse entende la narratrice et que personne ne se retrouve en marge.

La jeune fille trouve la sérénité dans le culte; elle apprend à louer et à servir Dieu. Elle ne cherche pas à comprendre la foi qui l'habite et ne peut fournir ni explications, ni justifications rationnelles, mais elle échappe, par cette dévotion, à toutes les craintes et les angoisses passées.

Sa ferveur, Charlotte la transcrit dans ses missels qu'elle annote, le soir, à la lumière tamisée d'une bougie : « Délivrez-nous toujours, Seigneur, de nos ennemis, nous vous en supplions par ce signe de croix... O Jésus, je me présente devant vous, avec un cœur humble et contrit, pour vous recommander ma dernière heure et celle qui doit suivre... Quand mes joues pâles et laides inspireront la compassion et la terreur à ceux qui m'entourent... Quand mes oreilles, au moment de se fermer à jamais à la voix des hommes, entendront en tremblant la voix du jugement dernier. Miserere Mei. »

Ces mots pourraient surprendre aujourd'hui venant d'une adolescente qui a toute sa vie devant elle. Charlotte s'exprime avec emphase, il est vrai. « Elle s'est jetée avec ferveur dans la dévotion », soit.

Pourtant, elle sait s'amuser comme toutes les adolescentes de son âge et trouve une diversion à la monotonie de ses journées studieuses en la personne d'Alexandrine de Forbin d'Oppède. Cette nièce du fameux évêque de Marseille, Mgr de Belzunce de Castelmoron, devient une amie. Alexandrine, en tant que parente de l'abbesse de la Trinité, se doit de montrer l'exemple !

Au petit matin, un jour d'hiver, Charlotte frappe à la porte d'Alexandrine et lui demande d'accrocher une cloche sous ses jupes.

Alexandrine s'exécute, malicieusement, et le couvent s'éveille...

Toute la journée, on entend des tintements du réfectoire à la salle d'étude et jusque dans l'église abbatiale. La Mère Supérieure ne cache pas sa mauvaise humeur et s'apprête à châtier la coupable de cette stupide plaisanterie. Alexandrine et Charlotte ont bien du mal à garder leur sérieux jusqu'au soir. Rentrée dans sa chambre, Mlle de Corday, encore sous le charme de cette délicieuse journée, est dérangée par une sœur qui doit la déshabiller de ses propres mains. La supérieure a pris ses dispositions ! A la découverte de la cloche, la religieuse ne peut retenir son étonnement :

– Eh bien, ma fille, vous ne manquez ni d'audace, ni d'imagination !

Dès le lendemain, Charlotte se voit réprimandée par l'abbesse : on doit se plier à la discipline en usage dans un couvent, lui rappelle-t-elle.

Mme de Belzunce l'aime avec cette indulgence que l'on éprouve pour les enfants turbulents. Certes, il faut parfois la sermonner, mais Charlotte sait se faire pardonner. Adolescente courageuse, elle apprend ses leçons avec facilité. Admiratrice des plus grands esprits, elle est ouverte à toutes les productions littéraires de son époque et passe des heures à la bibliothèque où elle peut consulter les ouvrages à sa disposition.

« C'est ainsi que, grâce à une sorte de tolérance – accordée par l'abbesse à l'élévation des sentiments et à l'esprit de lucidité hors ligne de sa jeune pensionnaire – Charlotte put lire, au sein même de la pratique religieuse, les œuvres de [philosophes] », assure Adolphe Huard [1].

A l'Abbaye-aux-Dames, les sœurs vivent avec leur temps. On y trouve Diderot, les encyclopédistes et, bien entendu, Pierre Corneille que Charlotte, en fidèle descendante, admire tout particulièrement.

Elle apprécie chez lui l'héroïsme des personnages, entendons par là la noblesse, le courage physique et moral. Elle admire particulièrement *Le Cid* qui reste sur sa table de chevet en permanence.

« A l'influence du grand Corneille, affirmait Napoléon, la France doit quelques-unes de ses grandes actions ; la tragédie élève l'âme humaine, anime le cœur d'une noble passion et avec des hommes, fait des héros. Je l'aurais fait prince. »

Souvent, le soir à la chandelle, Charlotte se récite ces vers de *Cinna* qui dicteront ses actes :

Plus le péril est grand, plus doux en est le fruit
La vertu nous y jette et la gloire la suit.

Ou encore :

Meurs, s'il y faut mourir, en citoyen romain
Et par un beau trépas couronne un beau dessein.

1. Propos confirmés par Philippe Laroche de l'Abbaye-aux-Dames.

Tous ces passages ancrent en elle une fascination pour la tragédie. Avec Corneille, Charlotte va commencer à hausser son regard jusqu'aux plus grands noms de la littérature du siècle des Lumières.

Elle se passionne pour Rousseau qui développe des idées progressistes : « L'homme naît bon, c'est la société qui le déforme. » L'auteur des *Confessions*, avant de se fâcher avec Diderot, a lui aussi participé à la rédaction de *l'Encyclopédie*.

« Tous les avantages de la société ne sont-ils pas pour les puissants et pour les riches ? Tous les emplois lucratifs ne sont-ils pas remplis par eux seuls ?

« Toutes les grâces, toutes les exemptions ne leur sont-elles pas réservées et l'autorité publique n'est-elle pas en leur faveur ? Qu'un homme de considération vole ses créanciers ou fasse d'autres friponneries, n'est-il pas toujours sûr de l'impunité ? Les coups de bâton qu'il distribue, les violences qu'il commet, les meurtres même et les assassinats dont il se rend coupable, ne sont-ce pas des affaires qu'on assoupit et dont, au bout de six mois, il n'est plus question ? »

Ces pensées, sur lesquelles Jean-François de Corday, poussé par le désespoir, fonde ses revendications, ne sont pas étrangères à Charlotte. Elle apprécie, chez Rousseau, une sincérité passionnée, et se montre très sensible à des passages du *Contrat Social* qu'elle souligne et médite.

Quand un citoyen est en désaccord avec l'Etat, « il faut que l'un des deux périsse, et [lorsqu'on] fait mourir le coupable, c'est moins comme citoyen que comme ennemi. Les procédures, le jugement sont les preuves et la déclaration qu'il a rompu le traité social, et par conséquent qu'il n'est plus membre de l'Etat. Il doit être retranché par l'exil, comme infracteur du pacte, ou par la mort, comme ennemi public, car un tel homme n'est pas une personne morale, c'est un homme et c'est alors que le droit de la guerre est de tuer le vaincu. »

La monarchie a très longtemps condamné le *Contrat Social.* Imprimé en Hollande, l'ouvrage entre d'abord en France sous le manteau. Lu et commenté par le parlement, il suscite des attaques aussi féroces que nombreuses. Il faudra attendre 1762 pour le voir édité dans le pays même où il a été conçu. Rousseau, maître à penser de la jeune pensionnaire, élabore et défend une thèse à laquelle un Robespierre souscrira pleinement. Charlotte, elle-même, l'appliquera contre Marat, ennemi juré de la République et responsable, selon elle, de la terreur qui règne dans le pays.

Très au fait des problèmes du royaume, acquise aux idées nouvelles, heureuse de voir dénoncée par les philosophes la décadence de la monarchie et de sa noblesse, Charlotte rêve d'un nouvel « Etat » sans ennemis. Comme Rousseau, elle estime qu'à l'extrême le meurtre peut constituer le prix à payer pour créer ce nouveau monde. Cette admiration qu'elle ne cache pas pour le *Contrat Social* surprend son entourage – notamment sa sœur Eléonore – mais prouve, au moins, que l'évolution des idées l'intéresse vraiment.

Cependant, son livre préféré, celui qu'elle relit chaque jour, au point d'en connaître des passages par cœur, n'est autre que *L'histoire philosophique et politique des établissements et du commerce des Européens dans les deux Indes* par Guillaume-Thomas-François Raynal, publié en 1770, en dix volumes.

Cet auteur, aujourd'hui totalement inconnu du grand public, est à l'époque si populaire que les éditions se succèdent, traduites en plusieurs langues.

Raynal dénonce les différences et les injustices, tout en démontrant, comme Voltaire, dans son dictionnaire philosophique que « l'égalité est à la fois la chose la plus naturelle et en même temps la plus chimérique ». Il ajoute qu'elle « est la plus dangereuse de toutes dans une société policée. Prêcher ce système au peuple, ce n'est pas lui rappeler ses droits. C'est l'inviter au meurtre et au pillage [...] II faut adoucir et éclairer ou les maîtres qui les gouvernent ou les lois qui les conduisent... »

Charlotte aime, chez l'abbé Raynal, sa façon de dénoncer l'iniquité entre l'Europe et le monde, les puissants et les faibles, les riches et les pauvres, les Blancs et les Noirs.

« L'*Histoire* de l'abbé Raynal est politique, analysent Daniel Roche et Vincenzo Ferrone dans *Le monde des Lumières*, parce que son thème central, le commerce, y est considéré comme le moteur premier d'une histoire de l'Europe moderne, et elle est philosophique parce qu'elle est constellée d'interventions et de réflexions sur les libertés et sur les droits, les gouvernements, les institutions, les formes d'expériences religieuses et les modes de vie sociale. »

L'abbé Raynal montre à quel point une société se trouve en danger lorsqu'elle ignore l'opinion publique. « Elle est chez une nation qui pense et qui parle, la règle de gouvernement ; jamais il ne la doit heurter sans des raisons [communes à tous], ni la contrarier sans l'avoir désabusée. »

Et le peuple, en cette année 1785, arbore une hostilité grandissante envers le pouvoir. L'affaire du collier de la reine, comme l'a appelée Goethe, a échauffé les esprits et ravive dans le cœur des Français la haine contre Marie-Antoinette, pourtant totalement innocente.

Cet événement constitue l'unique véritable scandale qui éclabousse le couple royal et le poursuit jusqu'à ses ultimes moments pendant la Révolution. Il frappe Marie-Antoinette de plein fouet et débride les pamphlets, les libelles, les caricatures, les épigrammes qui se répandent jusque dans le cœur du plus petit village français...

A Caen, on entend des compositions évoquant la reine si dépensière. Des poètes qui, autrefois, n'auraient pu exprimer de telles critiques contre le pouvoir, déclament des vers orduriers. Et tous parlent de Marie-Antoinette, comme d'une femme aux mœurs douteuses qui ignore les souffrances de ses sujets...

Charlotte souscrit au mécontentement général. Alors que la population meurt de faim et de froid, il est impensable qu'une reine dépense autant d'argent pour un bijou ! Cette vision un peu simpliste est générée par la misère insoutenable qui accable la France. Charlotte ne peut s'arrêter dans une rue sans qu'une dizaine de gueux affamés, noirs de crasse, pieds nus, viennent quémander la charité. Pour débarrasser la ville de ces misérables, le guet les ramasse souvent, et les mène au dépôt, sorte de prison, ou à l'hôpital, mouroir de la cité. On compte parfois plus de deux mille malades dans un seul bâtiment, six personnes dans un même lit, trois à la tête, trois aux pieds qui dorment, quand ils le peuvent, sur le côté. Et la monarchie dépense sans compter! Charlotte espère qu'un jour ou l'autre les pauvres se soulèveront pour une France Républicaine.

Malgré toutes les critiques, les flots d'injures contre la famille royale, le passage du Roi à Caen, le 22 juin 1786, lors de son voyage à Cherbourg, semble quelque peu calmer les esprits échauffés. Le registre du cérémonial de la ville, publié par P. Carel, témoigne de l'allégresse avec laquelle Louis XVI est reçu par le peuple.

« Les rues, depuis le commencement de celle de Falaise jusqu'à l'extrémité de celle de Bayeux, étaient couvertes d'une couche de sable de six lignes. Le canon du château a tiré, toutes les cloches de la ville ont sonné pendant le temps du passage. On voyait aux fenêtres et dans les rues une multitude immense d'habitants, de [tous âges, sexes ou conditions]. L'empressement des citoyens... qui se portaient en foule vers le carrosse du Roi pour jouir du bonheur de voir son auguste personne, l'allégresse publique qui éclatait de tous côtés par des cris de Vive le Roi, que répétait un peuple innombrable, tout exprimait les sentiments d'amour, d'attachement et de fidélité dont la ville de Caen a été dans les temps pénétrée par ses rois.

« [Louis XVI] a paru très sensible au zèle des habitants et aux acclamations réitérées par la foule qui n'a cessé d'environner sa voiture pendant son passage.

« Sa Majesté, avec un air de douceur et de bonté a souvent prononcé ces paroles : Vive mon peuple. »

L'accueil chaleureux des Caennais contraste avec celui que les autres régions ont réservé au Roi. Mais leur réaction aurait été tout à fait différente si la reine avait accompagné son mari. Marie-Antoinette, consciente de la haine dont elle est l'objet, vit dans la peur constante d'une agression. Après le scandale de l'affaire du collier, sans doute valait-il mieux pour elle rester confinée à Versailles, plutôt que de tenter la reconquête éventuelle d'une population hostile.

Charlotte, qui a assisté au passage du cortège, rentre à l'Abbaye-aux-Dames et se garde bien de donner ouvertement son opinion. Mais elle entend, plus que quiconque, le frémissement de la révolte. On la voit dans le parc méditer, réfléchir; à table elle se montre souvent silencieuse, voire distante. Tout en la questionnant sur son attitude et sur la nature de ses pensées, Alexandrine observe la jeune fille avec quelque curiosité. Hormis la couleur de ses yeux, elle ressemble tant à son père qui lui a rendu de fréquentes visites à l'abbaye. Elle a le même nez droit, la même perfection dans le modelé des joues, sa bouche possède aussi cette ligne adorable qui se plie aux commissures des lèvres, les mêmes cheveux châtains, soyeux et lustrés comme si l'or de l'enfance s'était seulement évanoui la veille...

Malgré les questions précises d'Alexandrine, Charlotte reste muette. Elle ne parle jamais de ses idées, ni à son amie, ni à sa sœur, ni à ses professeurs qu'elle rejoint chaque matin pour suivre les leçons. Elle garde le silence, lit beaucoup et prévoit surtout la vitesse avec laquelle les événements vont se dérouler.

En 1787, la démission de Calonne, contrôleur des finances, conforte Charlotte dans ses opinions. Une fois de plus le pays tout entier se soulève et injurie la famille royale. La politique financière du ministre, largement soutenue à la cour par le clan Polignac, se résume en quelques mots : paraître riche et dépenser beaucoup. L'état emprunte et accorde à tous ceux qui en font la demande des sommes exorbitantes. Le train de vie dispendieux de la noblesse conforte ainsi l'opinion du peuple, confiant en l'état de santé du trésor ! Nommé en 1783, Calonne, est mis en difficulté en 1786 : les banquiers refusent de jouer le jeu trop longtemps. Et c'est la catastrophe !

Cependant, si la gestion de Calonne est critiquable, ses propositions « sociales » séduisent le peuple : égalité devant l'impôt, diminution de la taille, abolition de la corvée, participation du Tiers Etat à l'administration, libre circulation des grains... Mais, battu en brèche par les notables et les privilégiés, le parlement hostile à ses manières le contraint à quitter son poste alors même qu'il est approuvé par Louis XVI !

D'ailleurs, la Reine elle-même ne lui a pas accordé ses grâces. Elle s'exclamera dans un salon, devant les partisans du ministre, « que les finances de la France passaient alternativement des mains d'un honnête homme sans talent dans celles d'un habile intrigant ».

Les réformes n'auront pas lieu. L'archevêque Loménie de Brienne, successeur de Calonne, reprendra ses idées mais le parlement y fera obstacle, prétextant par exemple que seuls les Etats généraux ont le pouvoir de consentir de nouveaux impôts... Ce premier pas vers une évolution du régime ne semble pas bien engagé. L'Etat va mal et les erreurs de Calonne, et des autres d'ailleurs, retombent inévitablement sur... la reine.

Le terrible hiver de l'an 1787 n'arrange rien. Les grands froids touchent la Normandie. A Caen, chaque matin, des corps inertes sont retrouvés dans les rues. Les médecins de la ville ou des villages voisins, usés par la fatigue, colportent des récits terribles. Les gelées déclarent une guerre impitoyable aux pauvres gens... Et à Mme de Belzunce qui, depuis quelques jours, a sombré dans le coma ! Charlotte, chargée de surveiller l'abbesse, ne la quitte plus. Quelques heures plus tard, sans qu'elle ait repris connaissance, la Mère Supérieure décède. Elle a soixante-huit ans. Charlotte quitte la chambre, le visage noyé de larmes. Pour une fois, elle s'était sentie aimée de quelqu'un ; Mme de Belzunce était comme une seconde mère. L'abbesse est inhumée dans la chapelle Saint-Benoît, située sous le sanctuaire de l'Abbaye-aux-Dames. [1]

Déjà frappée par le chagrin, Charlotte est de plus brutalement séparée d'Alexandrine, nommée chanoinesse à Troarn, un matin de printemps. Toutes deux sont désemparées et se promettent de ne jamais véritablement se quitter. En se retrouvant, elles reprendront leurs discussions interminables. Mais Charlotte sait, au fond d'elle-même, qu'il n'en sera certainement pas ainsi. Elle gardera une relation épistolaire suivie avec son amie de toujours... Mais elle ne reverra jamais ni son sourire, ni ses belles boucles brunes.

Mme de Pontécoulant, qui lui enseigne la littérature, succède à feue Mme de Belzunce. La nouvelle abbesse, surprenante de jeunesse, a un visage ovale empreint de douceur. Elle rougit pour un rien, et en souffre énormément. Afin de ne pas trop montrer sa faiblesse, la religieuse ne cesse de répéter que les sœurs ne doivent pas gaspiller le temps précieux de Dieu à des bavardages inutiles ou à des jeux imbéciles... Cependant,

1. Le détail de l'oraison funèbre a été publié chez Poisson, rue Froide à Caen. 45 pages in-quarto.

elle est si généreuse que l'on ne doute pas un instant de sa vocation. Très vite la confiance s'installe entre la supérieure et Charlotte, si bien qu'elle se voit confier la rédaction de lettres et d'autres responsabilités administratives. Mme de Pontécoulant perçoit rapidement la grande sensibilité de la jeune fille aux problèmes de la société. Elle la pousse à entreprendre des actions pour atténuer la misère qui n'échappe pas à son âme empreinte de charité. Le curé Gombault, que Charlotte n'a pas oublié, lui propose d'initier les enfants pauvres du faubourg Saint-Gilles au métier de dentellière. Il ne faut que quelques semaines à la pensionnaire pour former les petites filles dans la salle du chapitre de l'Abbaye-aux-Dames. La qualité de la marchandise fabriquée permet bientôt à notre jeune éducatrice de l'envoyer à M. Alain, négociant de la rue Dauphine à Paris, pour commercialisation !

Par cet intermédiaire, Charlotte entretient de plus en plus de rapports avec le monde extérieur. Elle sort en ville, accompagnée d'Eléonore bien sûr, rencontre Mmes de Beaumont et de Corboyer, et constate l'extrême souffrance des habitants.

Une fois par semaine, elle reçoit Doulcet de Pontécoulant, neveu de l'abbesse, au parloir du couvent, visites qui confortent Charlotte dans son adhésion aux idées nouvelles ! Gustave Doulcet, âgé de vingt-cinq ans, n'est pas très beau, un gros nez, des cheveux bruns mal coiffés, peu souriant, mais il nourrit une passion pour les classes pauvres de la société. Il se verrait bien avocat, mais, pour l'instant, le manque d'argent limite ses choix. Son don pour les langues et sa connaissance des classiques le destinent inexorablement à une carrière de journaliste. Il finira bien par trouver quelqu'un qui l'introduira dans le beau monde ! Et puis, rien ne presse, il a du temps devant lui, de l'intelligence et du talent ! Dans la région de Caen, Doulcet se présente comme l'un des plus grands partisans des « Lumières ». Chaque semaine, il apporte à la pensionnaire la *Gazette de Perlet* et le *Courrier universel*. C'est un homme en qui elle a toute confiance. Il partage ses idées. Elle va lui offrir son cœur et son amitié durant plusieurs années. Quel soulagement de pouvoir converser avec un ami sincère et éclairé !

Avec lui, elle peut s'entretenir de la réunion de l'Hôtel de ville de Caen fin 1787, dont le but est de créer une assemblée provinciale. Elle semble heureuse d'apprendre que son père, nommé syndic de la paroisse de Mesnil-Imbert, délaisse pour quelque temps son procès. Jean-François, pleinement investi de son nouveau rôle, n'hésite pas à dénoncer dans son mémoire les causes de la pauvreté qui gangrène sa paroisse.

Mais ces assemblées ne résolvent pas les problèmes qui se posent à la France. Le peuple enrage et des révoltes éclatent, à Paris comme en Normandie. On ne peut que constater la fréquence rapprochée des émeutes et des incidents. « Du pain ! », hurle la foule déchaînée.

Devant tant de misère, Charlotte se sent inutile et abattue. Il lui semble que les événements la dépassent.

Chaque jour, elle cherche à s'informer, grâce à la presse.

« A l'époque, remarque Jean Massin, le journal est [...] lu à haute voix dans la rue [...] Beaucoup d'hommes se groupent autour d'un ami, d'un compagnon plus instruit qui leur fait la lecture dans une proportion d'autant plus forte que la publication s'adresse davantage au bas peuple... Public difficile à chiffrer, mais non négligeable. »

Charlotte va nourrir sa pensée révolutionnaire avec les feuilles que Doulcet de Pontécoulant lui ramène mais aussi par ses sorties en ville où elle se risque de plus en plus souvent.

Le roi a bien essayé de calmer les esprits, annonçant, durant l'été 1788, la réunion des Etats Généraux, mais l'hiver 1789 assène son dernier coup à la monarchie. A Caen, un mètre de neige tombe, et de fortes gelées s'abattent sur toute la région. Les morts se dénombrent par centaines.

L'Abbaye-aux-Dames a ses propres provisions de grains et, chaque jour, des insultes sont proférées contre les religieuses. Charlotte n'est pas rassurée.

Mme de Pontécoulant ne dit mot, mais la jeune fille sent que, pour la Mère Supérieure, la révolution annonce la violence et l'arbitraire. Charlotte, elle, l'imagine légalisée, avec des discours, des motions et des signatures. Elle a tant rêvé de la République depuis la lecture des livres de Corneille !

Pour l'instant, l'heure est à la discussion. La jeune pensionnaire, âgée de seize ans, voit arriver chaque semaine son ami Doulcet de Pontécoulant avec un soupir de soulagement. Elle a trouvé quelqu'un qui la comprend. Pourtant, les nouvelles qu'il apporte ne sont pas rassurantes : le lieutenant de police, par une ordonnance royale, a obtenu la suppression des gâteaux des rois et a fait distribuer aux boulangers soixante sacs de farine supplémentaires, une ridicule aumône pour plusieurs milliers d'habitants ! Cette offrande peu appréciée par les Caennais a encore envenimé la situation : les boulangeries sont pillées, l'Hôtel de police saccagé.

Charlotte s'en confie à Doulcet : elle n'est pas étonnée par les attaques des convois de grains : le sac a atteint le prix de soixante-quinze livres, soit dix fois le tarif de l'été 1788.

Lorsque son ami la convie, le dimanche 16 mars 1789, à suivre le passage des députés qui se réuniront à Versailles le 4 mai prochain, elle accepte sans hésitation. Elle aperçoit ce jour-là des hommes vêtus d'un habit noir, d'un manteau de soie, d'une cravate de dentelle blanche et d'un chapeau à plumes. A cette occasion, les petites gens peuvent manifester leur mécontentement.

Charlotte comprend vraiment l'importance des Etats Généraux. Doulcet de Pontécoulant goûte au plaisir de lui raconter tous les événements dans les moindres détails. Il prévoit un mois de juillet plutôt calme, la moisson étant attendue avec grande impatience.

Mais le 15 juillet, à l'arrivée de la diligence, la nouvelle se propage. Le peuple de Caen ne retient pas son émotion : Necker, à l'origine des Etats généraux, a été renvoyé le 11. La reine et les frères du roi l'accusent d'être responsable des désordres survenus à Versailles et en province. Pour le Tiers Etat, c'est l'affront suprême.

Charlotte écoute ces propos avec une attention soutenue. Chaque parole prononcée par les voyageurs épuisés, divisés, la renseigne sur le mécontentement des Parisiens. Elle souhaiterait gagner leur sympathie, mais sa tenue de pensionnaire crée une certaine gêne... On se méfie d'elle, car aux yeux des braves gens elle appartient à l'ordre ecclésiastique, ennemi de la révolution. Il est difficile de leur expliquer à quel point ils se trompent sur elle.

Trois jours plus tard, Doulcet de Pontécoulant frappe à la porte de l'Abbaye-aux-Dames avec conviction. Sa tante le reçoit. Il demande à voir Charlotte car il a une information de la plus haute importance à lui communiquer.

La jeune pensionnaire profite alors d'un moment de repos dans le réfectoire, la pièce la plus fraîche de l'abbaye par cette chaleur accablante. Doulcet entre avec grand fracas et surprend tellement Charlotte qu'elle s'en trouve paralysée d'étonnement.

– Que nous sommes dignes d'envie, s'écrie-t-il, quels jours heureux et brillants se lèvent sur nous ! Toutes les barrières de la naissance et de la pauvreté vont tomber.

Il s'arrête, vaincu par l'émotion, et se met à sangloter pendant quelque temps. Charlotte ne comprend plus la teneur de son discours jusqu'au moment où il raconte la prise de la Bastille.

– Ce n'est pas seulement en France qu'une révolution commence, c'est dans toute l'Europe.

L'espoir fait vibrer Charlotte. Elle voudrait sortir et assister aux réunions populaires auxquelles elle prend plaisir. Dans l'expression de sa joie, ses yeux se posent sur le visage de Doulcet, dur et sec comme une écorce. Il est laid, mais qu'importe ! Il partage sa passion pour la politique du pays.

Cependant, que de débordements ! Le peuple insurgé et conduit par des révolutionnaires peu scrupuleux a massacré férocement le gouverneur. Sa tête, défigurée par un coup de pistolet, a été portée au bout d'une pique, avant d'être jetée dans la Seine. Ses assassins ont dégusté, lors d'un festin, les viscères sanglants. Ils se sont ensuite réunis au café Foy, exhibant les crânes de deux autres victimes...

Charlotte sent son cœur tiraillé entre son attachement aux idées réformatrices, à ses compatriotes, à son pays et, par ailleurs, son envie, son devoir de dire non aux meurtres gratuits. Elle ne comprend pas comment on peut gouverner un peuple dans l'horreur ! Malheureusement la lutte pour le pouvoir va se révéler impitoyable. La jeune Normande, qui a eu la prescience des événements qui viennent de bouleverser le royaume, redoute des bains de sang. Son ami Doulcet partage son inquiétude. Ils n'auront pas tort.

Le bruit court, à Paris comme en province, que les « aristocrates » vont riposter par la force. Entre la mi-juillet et la mi-août une panique, que l'on a appelée la grande peur, gagne le peuple. Mais bien vite à la peur succède la fureur et l'on donne l'assaut aux châteaux et aux forteresses.

A Caen, le vicomte de Belzunce se présente comme la meilleure cible.

« Le 15 mai 1789, raconte Jean-Baptiste Renée dans ses *Mémoires*, Denis Joseph Henri de Belzunce, major en second de Bourbon infanterie de Rouen, arrive à Caen. Il venait d'avoir vingt-quatre ans. Il était le neveu de l'ancienne abbesse de l'abbaye La Trinité...

Comme il surveillait les convois de ravitaillement qui sortaient de Caen, on l'accusait d'affamer la cité où la terreur de la famine s'accroissait de jour en jour. Henri de Belzunce ne tenait plus en place et son sang méridional lui inspirait des paroles qui dépassaient toujours de beaucoup sa pensée. En 1789, la situation s'étant envenimée, il se réfugie à la caserne de Vauxelles, cernée par une populace hurlante et armée, tellement compacte que l'officier chargé de notifier à Belzunce sa relève de commandement ne peut se frayer un passage. Le siège est long, l'attente aussi. Le lieutenant de La Saussaye, escorté de quatre hommes armés, sort parlementer du départ définitif de Belzunce. Gouin, maréchal-ferrant de son état, gardant le pont de la Vauxelles, tire et tue La Saussaye. C'est une véritable pétarade qui éclate et alerte la ville. La foule devient de plus en plus dense. On arrive toutefois à transférer Belzunce au château. Le lendemain matin, le 12 août 1789, une bande conduite par Armand Louvet parvient à s'emparer de lui et, place Saint-Pierre, Belzunce est tué à coup de fusil, puis, tête coupée, dépecé sur place, on lui coupe une jambe ; on s'empare de ses restes ensanglantés. Les témoignages et les aveux des coupables confirment les horreurs suivantes : la Sosson, porte à son amant, apothicaire de la rue du Ham, un morceau de chair que l'on met dans un bocal avec une oreille. Hébert va faire cuire un morceau de chair pour le manger... c'est finalement chez une certaine Mme Laforge qu'il dégustera son atroce rôti... J'ai vu de mes propres yeux le cœur de M. de Belzunce dans les mains d'un jeune homme de dix-huit ans environ, plâtrier de son état... les bras ensanglantés jusqu'aux coudes, il faisait sauter le cœur de Belzunce comme une balle avec une joie féroce. »

Avec cette effroyable boucherie, Charlotte prend conscience de la barbarie sanguinaire du peuple ! Le soulever est chose aisée. Mais le raisonner relève de l'impossible. Elle ne sait pas encore à quel point cette tuerie la poursuivra toute sa vie. Lors de l'instruction de son procès, Fouquier-Tinville imaginera une histoire farfelue : la jeune fille aurait aimé Belzunce et l'aurait vengé en assassinant Marat. Théorie absurde ! En effet, l'officier massacré est arrivé à Caen en mai 1789, deux ans après le décès de sa tante, Mère Supérieure de l'Abbaye-aux-Dames. Il n'a donc jamais pénétré dans le couvent, ni rencontré Charlotte. De plus « aucun homme ne fit la moindre impression sur elle, note une contemporaine ; ses pensées étaient ailleurs ».

Et pourtant, à la veille de ses dix-sept ans, Charlotte « est d'une blancheur éblouissante et de la plus éclatante fraîcheur, témoigne Mme de Maromme. Son teint a la transparence du lait, l'incarnat de la rose et le velouté de la pêche. Le tissu de la peau est d'une rare finesse ; on croit voir circuler le sang sous un pétale de lis. Elle rougit avec une facilité extrême et devient alors vraiment ravissante. Ses yeux, légèrement voilés, sont bien fendus et très beaux ; son menton un peu proéminent ne nuit pas à un ensemble charmant et plein de distinction. L'expression de ce beau visage est d'une douceur ineffable, ainsi que le son de sa voix... Ses cheveux châtains s'accordent parfaitement avec son visage ; enfin c'est une femme superbe ».

Il apparaît comme une évidence que les charmes de Charlotte ont enivré l'esprit du jeune Doulcet. Mais ce n'est là pour lui qu'un rêve car, même s'il essaie d'entreprendre une cour, ses efforts restent sans succès. Elle ne pense qu'à la révolution !

Alors, pour lui plaire, il relate avec énergie les événements qui secouent la France. Aujourd'hui, la séance historique de l'assemblée, dans la nuit du 3 au 4 août, fait l'objet de leur conversation.

On vient d'abolir les privilèges et de voter l'égalité des peines pour tous les citoyens, et l'admission de tous aux fonctions publiques. Charlotte sait désormais que son père ne s'est pas battu en vain. Jean-François, dont la visite est plutôt rare, ne résiste pas au plaisir de saluer sa fille en ce 28 août. Charlotte s'émeut toujours en la présence de son père.

Enthousiaste, Jean-François raconte sa journée de la veille. En effet, le 27, on a fêté la cérémonie du serment civique à Caen. La garde nationale, le corps des volontaires, le régiment d'Artois et de Turenne paradaient dans les rues de la ville. Sur la place royale, les officiers municipaux et les membres du comité ont écouté ces troupes jurer fidélité à la loi, à la nation et au roi.

Le 9 octobre vers midi, juste après le repas, Charlotte entend des cris de joie derrière les murs de l'Abbaye-aux-Dames. Il lui semble que, de seconde en seconde, la masse grossit. Elle imagine les magasins se vider. Des ouvriers, des bourgeois, des femmes en fichus, des mondaines s'entassent pêle-mêle dans un essaim populaire. Les curieux s'agglutinent à leur fenêtre, les gamins en profitent pour se chamailler.

L'air est humide et les oiseaux volent très bas. Soudain, la foule frémit, comme si la foudre s'était abattue. Les yeux de Charlotte pétillent. Elle ne peut sortir mais sait bien que son ami Doulcet ne manquera pas de lui rendre visite.

– Citoyens, hurle un homme sur les marches du château, le roi et sa famille sont revenus à Paris !

– Vive le Roi, Notre Roi ! Notre Roi !

On jette les chapeaux en l'air. Les applaudissements, les cris, l'enthousiasme, le délire émanent de la foule immense qu'une pluie abondante et continuelle ne peut disperser.

Le lendemain, Doulcet fait son apparition et raconte ce que Charlotte avait déjà deviné.

– Il semble, remarque-t-elle posément, que l'amour des Français pour leur roi, ce sentiment que toutes les horreurs du despotisme et de l'aristocratie n'ont pu éteindre, mais que l'excès de malheur a plus d'une fois concentré dans le cœur des Français, se dilate avec force et prend une nouvelle énergie.

Aussitôt les mots d'Henri IV lui reviennent à l'esprit : « Ils sont affamés de voir un roi. »

Pour Charlotte, le message est clair : le peuple français est toujours royaliste et la République n'a pas encore germé dans son esprit.

Pourtant la révolution gronde, y compris dans le doux quotidien des sœurs du couvent de la Trinité.

Elles entrent en effet dans une ère tragique. Le temps est venu pour l'assemblée de régler les rapports de la France avec l'Eglise et la papauté, et de se prononcer sur elles ! La constitution civile du clergé a entraîné l'aliénation des biens de l'Eglise le 2 novembre

1789. Le royaume, endetté, a grand besoin d'argent et le clergé est propriétaire d'une immense richesse. Il est tentant pour le pouvoir civil que représente l'assemblée de s'approprier la fortune de l'Eglise et de rétablir ainsi les finances de l'Etat. On décrète alors que :

1) Tous les biens ecclésiastiques sont à la disposition de la nation, à charge de pourvoir d'une manière convenable aux frais du culte et à l'entretien des pauvres.

2) Dans les dispositions à faire pour subvenir à l'entretien des ministres de la religion, il ne pourra être assuré aux dotations des curés moins de deux cents livres par année.

La réaction des religieuses est immédiate ! C'est dans l'effroi qu'elles prennent connaissance de la loi du 2 novembre. Désemparées, elles se réunissent dans le réfectoire. La Mère Supérieure expose, une à une, toutes les mesures qui ont été énumérées dans les journaux et celles qu'elles peuvent encore craindre. Pour ces femmes qui n'ont rien connu d'autre que la vie abbatiale, ce décret constitue une véritable catastrophe.

Charlotte regarde l'assemblée réunie, s'attendrit sur le sort des malheureuses, imagine leur angoisse mais reste lucide. Elle essaie de contenir sa nervosité. La révolution a balayé les dernières abbesses de l'ancienne France. Elle a détruit, en un instant, un couvent créé par Guillaume le Conquérant sans que jamais, depuis lors, l'Abbaye-aux-Dames ne manque à ses devoirs. Si l'Etat entretient désormais l'Eglise, il le fera à moindres frais. Les couvents sont condamnés, tôt ou tard, à la fermeture. L'aliénation totale, sans usufruit, paraît inévitable.

Charlotte comprend qu'elle va devoir regagner le monde, quitter ses tendres religieuses, faire ses adieux. Elle ressent de vives inquiétudes sur le sort de certaines d'entre elles. Quand ces idées viennent l'assiéger, elle tourne ses pensées vers la divine providence et prie.

Après bien des rebondissements, la loi est mise en application en mars 1790. A Paris, des clubs se forment dans les institutions religieuses ; on voit les jacobins déambuler dans les couloirs des couvents. Un an plus tard, on s'attaque à la province. Des officiers municipaux se rendent dans les monastères pour établir l'inventaire des biens. Charlotte devra patienter jusqu'au 12 juin 1791 pour connaître son sort. Ce jour-là, un membre du comité directoire de Caen, Hippolyte Bougon-Longrois, vingt-sept ans, pose les scellés à l'Abbaye-aux-Dames.

Charlotte est réveillée à l'aube, au son de la cloche. Elle allume la bougie, s'habille et se rend à l'office pour une ultime messe, en mémoire de la reine Mathilde, fondatrice des lieux. Puis elle retourne quelques instants dans sa cellule où elle a passé neuf années de sa vie, à dévorer les livres et à prier sans jamais se poser une seule question sur son avenir. Elle fouille, l'espace d'un instant, cherchant de tous côtés, tel un marin dans la tempête, une côte hospitalière... Une voiture l'attend déjà pour la conduire avec sa sœur Eléonore chez son père à Argentan. Mais a-t-elle encore quelque chose à espérer, un but à atteindre ? Que va-t-elle devenir ? La vie au couvent lui évitait de se poser toutes ces questions !

Bientôt, la terreur va se répandre sur la France, avec une effroyable rigueur, et exercera de cruels ravages.

Nul besoin d'un nom brillant ou d'une grande fortune pour craindre le bourreau : la dénonciation d'un ennemi, d'un voisin envieux, suffira quelquefois à faire tomber sous la lame de la guillotine, la tête de l'homme le plus honnête.

CHAPITRE III

« Je frémis d'horreur et d'indignation »

En pénétrant dans l'unique pièce de la ferme des bois, Charlotte aperçoit son père attablé. Depuis le début du procès, Jean-François a beaucoup vieilli. Son visage est marqué par la fatigue, par l'inquiétude et la mélancolie qui ont balayé à jamais la gaieté de cet homme de cinquante-quatre ans.

Très souvent, il évoque ses problèmes et Charlotte devine le désarroi de son père, qui se débat depuis des années dans une procédure interminable. Il dramatise sa situation financière, classique pour l'époque, et la jeune Normande, à l'écoute de ses plaintes, paraît dépassée. Elle se sent étrangère à la ferme des bois, cette minuscule demeure qui avait accueilli ses parents au début de leur vie commune. Bientôt, elle cesse d'entendre Jean-François pour penser à ses grands-parents qui vivent toujours à Cauvigny, à quelques mètres de là. Il est grand temps de leur rendre visite et de goûter, à nouveau, au raffinement du temps passé.

Attachant une grande importance à sa toilette, elle choisit une robe simple, rayée, claire. L'élégance contribue à son épanouissement et, en quelque sorte, à l'affirmation de sa nouvelle identité.

Charlotte s'engage avec un plaisir non dissimulé dans l'allée boisée qui mène au manoir, laissant derrière elle son pauvre père qu'elle ne comprend plus. Non, elle ne regrette pas d'avoir pris le chemin de Cauvigny. Nulle part ailleurs elle ne retrouverait ce calme, ce confort dont elle a tant besoin. Bientôt elle se laissera à nouveau séduire par le luxe de cette maison, la distinction de sa grand-mère, la qualité du service des domestiques, la beauté des meubles, les couverts en argent, mais aussi par le parfum léger des pommes mûres. Elle se réjouit à chaque pas qui la rapproche de ses souvenirs, du cadre enchanteur, du bonheur tranquille des paysans qu'elle salue et de l'odeur suave de l'herbe coupée.

Une minute encore et le bonheur des retrouvailles sera entier.

Quelle n'est pas sa surprise en découvrant la triste réalité ! Ses grands-parents ont terriblement vieilli. Une conversation pénible s'engage, interrompue par de longs silences. Le Cauvigny de son enfance est bien loin. Charlotte ne peut supporter ne serait-ce qu'une journée une telle atmosphère. Avant de s'en retourner à la ferme des bois, elle ressent le besoin de visiter à nouveau les lieux, en particulier la cuisine, théâtre préféré de ses jeux enfantins. Mais là, aussi, rien ne ressemble à son passé, non vraiment, elle n'a plus sa place ici...

Rentrée chez Jean-François, la voici qui s'enferme dans sa chambre, la seule de la maison, située à l'étage.

Elle tient à peine dans ces quelques mètres carrés et surtout elle s'y ennuie. Déçue par son père, n'ayant rien à attendre de ses grands-parents, elle doit au plus vite donner un sens à sa vie.

Elle pense alors se rendre utile en aidant les petites filles pauvres de la contrée à préparer leur avenir. Ainsi, l'ancienne novice reprend du service : leçons de dentelle, de français et de catéchisme rythment ses journées et lorsque ses élèves sont absentes, elle pratique elle-même le dessin, la tapisserie et la lecture.

Très vite, Charlotte se laisse happer par le rythme de ses obligations... Elle a retrouvé les paysages familiers de son enfance, ses livres, quelques connaissances inintéressantes, et s'enferme dans l'existence routinière et fade d'une jeune fille de la campagne.

Les visites de Doulcet de Pontécoulant, son travail de secrétaire à l'Abbaye-aux-Dames, font déjà partie d'un rêve. Les semaines s'égrènent. Charlotte supporte difficilement la monotonie de ses journées. Un jour, elle se lève et demande à parler à son père.

– Je ne vous apporte pas l'indispensable réconfort dont vous avez besoin, dit-elle.

Elle lui expose sa situation. En restant à la ferme des bois, elle se résigne à un quotidien difficile et monotone. Or, sa nature énergique et sa force de caractère la poussent à s'extérioriser, à vibrer au cœur de l'action.

Elle ne fait nul reproche à Jean-François, l'informe simplement de son départ imminent pour Caen où elle séjournera chez une de ses lointaines cousines, Mme de Bretteville. Sa décision est irrévocable.

« Charlotte, affirme Frédéric de Corday du Renouard, avait le feu sacré de l'indépendance, ses idées étaient arrêtées et absolues, elle faisait ce qu'elle voulait. On ne pouvait la contrarier, c'était inutile ; elle n'avait jamais de doutes, jamais d'incertitudes. Son parti, une fois pris, elle n'admettait plus de contradiction. »

La diligence pour Caen disparaît déjà dans un tourbillon poudreux. Nous sommes fin août 1791, Charlotte n'est pas restée deux mois à la ferme des bois.

Elle est heureuse de partir, même si elle ne peut s'empêcher de penser à Jean-François noyé dans ses problèmes. Construire une République pour le bonheur de tous, voilà l'idée fixe et inébranlable de Charlotte Corday. Son ambition n'est pas de devenir une actrice retentissante de la Révolution mais de se préparer à la lutte pacifique pour la justice et l'égalité. Elle n'aurait jamais pu vivre cet engagement à la ferme des bois ! Rejoindre la ville lui est alors indispensable, autant politiquement que personnellement.

A mesure qu'elle s'approche du centre de Caen, la clameur des rues succède au silence pesant des champs. Arrivée au 148, rue Saint-Jean, on l'imagine s'arrêter un instant, hésitante, jeter un regard en arrière pour mesurer le chemin parcouru ou peut-être simplement pour faire ses adieux à un morceau de sa vie. Alors, avec détermination, Charlotte monte les quelques marches qui la mènent chez cette cousine, au septième degré, descendante de Corneille, tout comme elle.

La porte s'ouvre sur un homme si petit que la jeune fille doit baisser la tête pour lui parler. Ce nabot, potelé, froid et cassant, ne manque cependant pas de la toiser. Il n'est pourtant qu'un valet et se nomme

Augustin Leclerc. Elle demande un entretien avec la maîtresse de maison... et l'obtient.

Mme de Bretteville connaît fort bien sa cousine, l'ayant rencontrée régulièrement depuis l'arrivée des Corday à Caen en 1776. Elle accueille très cordialement Charlotte.

La jeune Normande anime un peu son quotidien, c'est vrai ! Elle a exactement l'âge qu'aurait eu la fille qu'elle a perdue en 1788.

– Enfin, que voulez-vous, se résigne Mme de Bretteville. Je me suis mariée à trente-six ans avec un homme bien plus vieux que moi. Etre prise à cet âge relevait déjà du miracle.

Charlotte sourit à cette déclaration. Au XVIIIe siècle, on est charmante à quinze ans, ridée à trente-deux et usée à quarante-cinq. Sans doute, lors de son mariage, Mme de Bretteville avait-elle déjà perdu sa sveltesse, ses dents et une bonne partie de sa chevelure. Elle n'en demeure pas moins femme et se laisse volontiers amadouer par le sourire et la candeur de sa jeune cousine qui ravive, dans sa mémoire, les épisodes heureux d'une époque révolue.

Elle est, bien entendu, à des lieues des aspirations de Charlotte et des raisons qui ont poussé celle-ci à venir s'installer à Caen. Et lorsqu'elle lui en demande l'explication, la jeune fille marque une hésitation.

« Ici, la réponse de Charlotte fut moins claire, note Mme de Maromme, moins précise, et nous apprîmes qu'elle s'était brouillée avec son père par suite de différences d'opinions... Elle méprisait nos mœurs faciles et relâchées ; elle regrettait les beaux temps de Sparte et de Rome. Elle aurait dû, en effet, naître dans ces temps héroïques. »

Charlotte doit à ses neuf années au couvent de l'Abbaye-aux-Dames l'esprit général de sa conduite. Elle a dévoré des centaines d'ouvrages qui lui ont permis de s'ouvrir sur le monde, de se nourrir de l'histoire des révoltes, des séditions et des bouleversements des diverses civilisations.

Désormais, elle peut bavarder sur bien des sujets avec sa cousine. L'appartement poussiéreux et feutré retentit de leurs conversations.

La chambre de Charlotte est située au fond d'une cour pavée, rectangulaire et fort étroite. Basse de plafond, vétuste, très mal éclairée, elle rappelle à l'ancienne novice l'austérité du couvent. Le confort des intérieurs de Mme de Bretteville contraste avec l'extrême simplicité de son propre logement qu'elle balaye d'un coup d'œil rapide : deux commodes, une table de jeu couverte d'un tapis couleur d'ambre, deux chaises au tissu élimé, un coffre et un lit à colonnes en constituent le mobilier. La pièce, avec sa glace ternie, ses rideaux défraîchis, paraît figée pour l'éternité dans le halo de la chandelle.

« La fenêtre donne sur la rue, explique Joseph Shearing, et permet de voir les mornes façades des maisons d'en face, ainsi que la rue des Carmes qui s'ouvre entre elles et dans laquelle se trouvait L'hôtel de l'Intendance. »

Le paysage a aujourd'hui totalement changé. En 1850, la maison de Mme de Bretteville a été entièrement détruite pour laisser place à un bâtiment neuf, qui porte actuellement le nom de Chocolaterie Charlotte Corday, au 114 de la même rue.

Des alentours, elle ne reconnaîtrait que l'Eglise Saint-Jean. A la fois sobre et harmonieux, cet édifice construit sur un sol marécageux surprend : il est légèrement incliné... L'hôtel de Faudoas et celui de l'Intendance ont disparu et ce qui restait, au début du XXe siècle, a été bombardé en 1944.

Dès les premiers jours, Mme de Bretteville nourrit, à l'égard de sa cousine, une affection quasi maternelle. Elle semble vouloir lancer Charlotte dans la société et lui apprendre les règles de la bienséance.

« Je ne puis me passer de cette jeune fille, avoue-t-elle, c'est la bonté simple, unie à la candeur et à la discrétion. »

« Elle lui fait présent de jolies robes, se charge de rectifier son goût, place un ruban dans ses cheveux et cherche à les arranger de façon plus gracieuse, rajoute une amie de Mme de Bretteville. Mlle de Corday devient une autre personne malgré le peu de soin qu'elle donne toujours à sa toilette. »

Dès lors, Charlotte participe à toutes les soirées, sans grand enthousiasme. Lors des repas, on lui parle, mais elle n'entend pas. Elle a hâte de se retrouver seule dans sa chambre mais n'ose pas demander la permission de se lever, par crainte de paraître impolie. Elle imagine le moment où elle pourra enfin quitter ces gens dont les bavardages l'agacent. Ils sont si prétentieux et pathétiques que c'en est pitoyable. Ses yeux supplient Mme de Bretteville. A la fin d'un dîner, la jeune fille remercie et prévient sa chère cousine qu'elle n'assistera plus à ces mondanités.

« Elle était d'une extrême réserve, rajoute Mme de Maromme, timide même [...] Elle ne cherchait ni à plaire, ni à briller. »

Et pourtant, Charlotte séduit, malgré elle...

« L'ardeur du midi se mêlait dans son teint à la coloration des femmes du Nord, note Lamartine. Ses cheveux prenaient des tons sombres quand ils étaient en masse autour de sa tête ou qu'ils s'ouvraient en deux ondes sur son front. Ils paraissaient lustrés d'or à l'extrémité de leurs tresses, comme l'épi plus foncé et plus resplendissant que la tige de blé au soleil. »

Les prétendants ne manquent pas. Un des voisins de Charlotte, Pierre-Louis Queudeville, se fait plus insistant. De taille moyenne, le teint frais parsemé de taches de rousseur, l'œil bleu persan sous de fins sourcils blonds, des cheveux légèrement bouclés, la bouche sensuelle, il possède tous les attraits d'un bel homme et se comporte comme un Don Juan. Son langage, malheureusement, s'accorde fort peu à son physique. Gaillard, vulgaire, grossier, il débite à Charlotte toutes sortes d'insanités. Un jour, « au moment où il tente la manœuvre la plus déshonnête », elle en profite pour le remettre à sa place :

– Convenez que si je vous en faisais autant sans que vous en ayez l'envie, cela ne vous amuserait pas beaucoup !

Plus efficaces qu'un soufflet, les mots décontenancent le jeune homme qui repartira, vexé, vers d'autres conquêtes.

Charlotte considère avec répulsion ces séducteurs sans vergogne. Chaque fois qu'elle est sur le point d'oublier qu'elle suscite le désir, il se trouve un imbécile pour le lui rappeler.

Augustin Leclerc est le seul homme qu'elle considère avec respect, depuis le départ de Doulcet de Pontécoulant. En effet, grâce à la présence discrète du valet, Charlotte reprend goût aux mille détails de l'existence qui lui semblaient si vains, peu de temps auparavant. A mesure que les jours passent, elle retrouve son optimisme. Oui, vraiment, Augustin Leclerc fascine la jeune Normande. Le fait que ce garçon ait participé à la rédaction des cahiers de doléances lors de la réunion des Etats généraux a contribué grandement à le rendre sympathique à ses yeux. Les événements politiques qui se succèdent alors lui offrent encore l'occasion de prouver son courage et sa détermination. Charlotte a très vite évalué la valeur de ce fils de tailleur de pierre qui participe aux séances des clubs et aux manœuvres de la garde nationale. Rousseau, Voltaire, *L'Encyclopédie* ornent la bibliothèque et hantent l'esprit de ce passionné de littérature de vingt-quatre ans qui penche pour la réforme du système politique.

Pourtant, lors de son arrivée chez Mme de Bretteville, Charlotte éprouvait un certain malaise en la compagnie de ce personnage secret et froid. Désormais, elle constate qu'il se montre très prévenant envers sa cousine – trop peut-être –, au point de se rendre indispensable. Depuis toujours, il fait le ménage, les courses, s'occupe de l'intendance, tient très bien les comptes... Trop bien. Sans aucun doute vole-t-il sa maîtresse !

Charlotte n'émet aucune critique, ne laisse même pas sous-entendre qu'elle comprend son jeu.

Augustin Leclerc pense qu'il est indispensable de s'évader deux à trois fois par semaine de ses contraintes habituelles pour retrouver les bruits de la rue, ses amis et la politique. Il lui distille les nouvelles de la ville. Aux récits des journaux, la jeune Normande ressent toujours le même sentiment de pesanteur et d'abattement.

C'est à lui qu'elle doit sa première confrontation avec les écrits de Marat. En septembre 1791, parmi tous les journaux dont il est le porteur, une feuille attire l'attention de la jeune fille : *L'Ami du peuple.*

De vingt-cinq ans plus âgé que Charlotte Corday, Jean-Paul Marat peut déjà se targuer de posséder une vie bien remplie. Il est né à Boudry, dans le canton de Neuchâtel [1]. Son père, dessinateur de renom, lui offre, ainsi qu'à ses cinq frères et sœurs, une enfance agréable. Les Mara [2] habitent dans une grande bâtisse au centre de la commune qui existe encore.

En 1760, à dix-sept ans, le jeune homme quitte la maison familiale pour rejoindre Bordeaux. La raison de son départ demeure assez floue : sans doute s'est-il disputé avec son père à qui, d'ailleurs, il ne donnera plus jamais de nouvelles. Marat entre pendant deux ans au service de Paul Nairac, négociant en produits coloniaux, comme précepteur, puis gagne Paris. Il essaie de prendre contact avec les encyclopédistes. En vain. Sa demande de participation à l'expédition astronomique de l'abbé Chappe d'Auteroche est catégoriquement refusée.

En quête d'un métier, il traverse la Manche et s'installe à Londres... Pour douze ans. Marat étudie la médecine, adhère à la Franc-Maçonnerie et se consacre, pendant ses loisirs, à l'écriture d'un roman, *Les aventures du jeune comte Potowski* qui ne sera édité qu'en 1847 !

1. Qui appartient alors à la Prusse.
2. Le révolutionnaire ajoutera lui-même le « T ».

En Angleterre, il entame son premier combat politique avec la publication en 1774 des *Chaînes de l'esclavage*, véritable compilation révolutionnaire. L'auteur emprunte en effet toutes ses pensées aux plus grands philosophes du temps, les détourne souvent de leur contexte et les reformule dans un galimatias délirant : « L'un des effets du luxe est l'extinction des vertus héroïques ... Les arts que le luxe maintient, et les plaisirs qu'il promet... nous précipitent dans le chemin de la mollesse efféminée. »

Les *Chaînes de l'esclavage* marque le début de la carrière de Marat. Mais trop peu connu encore pour gravir les marches d'une tribune, il doit travailler pour vivre. Il achète son diplôme de médecin sur la recommandation de deux amis, Bucham et James, et rédige quelques ouvrages sur ses expériences. Marat est d'une intelligence remarquable. Extrêmement courageux, il devient en quelques années médecin émérite et auteur remarqué. La France lui tend les bras. Il y retourne en 1762. Charlotte n'est pas encore née.

Dès son arrivée, Marat s'établit avec succès. Appelé au chevet de la marquise de l'Ausbépine que tous les médecins vouent à la mort, il réalise un miracle : la patiente se remet en trois semaines d'une pneumonie aiguë. Il devient le médecin de la noblesse parisienne et entre au service du comte d'Artois. Sans scrupule, il s'attribue le titre de M. de Marat dans plusieurs courriers envoyés à la cour de Madrid et semble oublier très vite ses théories sur le luxe.

Il se passionne pour la physique, travaille la vivisection quinze heures par jour, et établit plusieurs thèses sur l'électricité médicale. Puis il se lance en parallèle dans l'étude de la physiologie et de la chimie. Même si Marat est entièrement autodidacte, il atteint un niveau scientifique souvent bien plus élevé que la moyenne des médecins de l'époque. L'érudit traite ses confrères d'incompétents et se met toute la profession à dos. L'Académie lui ferme ses portes alors même que ses travaux viennent d'être couronnés.

Marat abandonne brutalement en janvier 1789 son métier de scientifique, obtient la nationalité française et se consacre au journalisme. *L'Ami du Peuple* voit le jour le 16 septembre suivant.

« La distribution se déroule jusqu'en août 1792, malgré les interdictions, par les deux canaux classiques, assure Yves Coquard : la souscription et le colportage... Dès janvier 1790, la diffusion est nationale... de la Bretagne à l'Alsace, de Bruxelles à Marseille, les libraires se situent dans les villes traversées par de grandes routes postales. »

A la lecture du journal, Charlotte comprend immédiatement que Marat utilise la pauvreté et la souffrance d'une population victime du despotisme, depuis des siècles, pour servir sa cause.

« Cessez de perdre le temps à imaginer des moyens de défense, écrit furieusement le révolutionnaire, il ne vous en reste qu'un seul, celui que je vous ai recommandé tant de fois : une insurrection générale et des exécutions populaires. »

Ou encore :

« Quand un homme manque de tout, il a le droit d'arracher à un autre le superflu dont il regorge, que dis-je, il a le droit de lui arracher le nécessaire et plutôt que de périr de faim, il a le droit de l'égorger et de dévorer sa chair palpitante. »

Les conséquences de ces propos peuvent être graves. Les articles du journaliste trouvent des milliers de lecteurs. On se demande pourquoi ce médecin, défenseur de la vie, est devenu si vite un révolutionnaire acharné. Marat est opportuniste. Il fait feu de tout bois. La France, plongée dans la révolution, a besoin de tribuns. Utilisant son journal, il va diriger petit à petit la colère du peuple révolté et la transformer en une rage meurtrière.

« On n'est nullement en présence de divagations furibondes d'un maniaque qui, ayant perdu tout sens de la mesure, tout moyen de contrôle de son intelligence, se laisse aller à la dérive de ses passions en proie à des accès de rage sanguinaire, analyse Gérard Walter. Non, Marat sait très bien ce qu'il veut, il suit avec obstination un plan méthodique et bien ordonné. »

L'Ami du Peuple n'a rien d'un journal classique. Imprimé en format in-8°, il ne traite pas des nouvelles du jour et n'apporte aucune information exhaustive sur les événements de l'époque. La nuit du 4 août n'a-t-elle pas été commentée par Marat en septembre ? *L'Ami du Peuple* est un combat pour un monde meilleur, un monologue dont l'unique but est de dénoncer avec une extrême violence les inégalités, de diriger l'opinion et de démystifier les personnages les plus aimés des Français : Necker et La Fayette, « ces hommes de boue, perdus de mœurs » en feront les frais. Le révolutionnaire définit son quotidien comme « une feuille où l'on rappelle aux principes le législateur, où l'on démasque les fripons, les prévaricateurs, les traîtres, où l'on dévoile tous les complots, où l'on évente tous les pièges, où l'on sonne le tocsin à l'approche du danger... »

Charlotte pressent dans le journaliste un élément subversif, dangereux, qui pourrait bien être le déclencheur de bains de sang.

« Qui ne voit pas que je veux couper un petit nombre de têtes pour en sauver un grand nombre ? »

Michelet rajoute avec ironie : « Il variait sur ce petit nombre et dans les derniers temps de sa vie, il s'était arrêté, je ne sais pourquoi au chiffre, minime en vérité, de deux cent soixante mille. »

La jeune fille prolonge souvent ses réflexions après la lecture de *L'Ami du peuple*. Mme de Bretteville regrette sa réserve. Elle la voit plongée dans ses pensées, incapable de participer à une conversation. Jamais encore Charlotte ne s'est fixée sur un personnage avec une telle intensité. De toutes ses forces, elle essaie d'imaginer le visage de Marat. Est-il petit ou grand, gros ou mince ?

Mais toutes les caricatures ne valent pas la réalité : le nez écrasé, la bouche bestiale, les cheveux sales. De plus, Marat pue, incontestablement. L'odeur âcre et pestilentielle qui émane de son corps ravagé par l'eczéma [1] gêne même ses connaissances... Louise Fusil écrit quelques années plus tard dans ses *Mémoires* :

« Si j'étais peintre, je pourrais faire un portrait tant sa figure m'a frappée... Il avait un mouchoir de madras rouge et sale autour de la tête, celui avec lequel il couchait sans doute depuis fort longtemps. Des cheveux

---

1. Marat est atteint d'un eczéma scrofuleux, du latin « scrofa » qui signifie truie. Terme désuet aujourd'hui qui désigne « une lésion cutanée ou muqueuse suintante et souvent chronique, explique le Dr Michèle Muller. En ce qui concerne Marat, il s'agit d'une forme ganglionnaire, osseuse et articulaire de la tuberculose ».

gras s'échappaient par mèches et son cou était entouré d'un mouchoir à peine attaché. »

Le montagnard Levasseur de La Sarthe confirme le témoignage de Louise Fusil : « Lorsqu'on me montra Marat pour la première fois... Je le considérai avec cette curiosité inquiète qu'on éprouve en contemplant certains insectes hideux. Ses vêtements en désordre, sa figure livide, ses yeux hagards avaient je ne sais quoi de rebutant et d'épouvantable... »

Poursuivi pour ses écrits, Marat vit traqué, passe de cachettes en hébergements précaires, trouve refuge dans les caves et les égouts où il contracte sa maladie.

« Quoi ! C'est là Marat ! note méchamment Michelet. C'est cette chose jaune, verte d'habit, ces yeux si gris si saillants... C'est au genre batracien qu'elle appartient à coup sûr, plutôt qu'à l'espèce humaine. De quel marais nous arrive cette choquante créature ? »

La presse girondine qui voit en lui son pire ennemi ne cesse de parler de « ce monstre altéré de sang, méchant de caractère, féroce par instinct », et diaboliquement intelligent !

Le repas du soir approche. Charlotte a les joues rouges et les yeux brillants. Elle mange à peine et évite de parler. Mme de Bretteville n'imagine pas son état d'esprit. Charlotte remercie d'un sourire Augustin Leclerc qui la sert. Ce dîner est un calvaire. Elle aurait préféré demeurer seule dans sa chambre, et se plonger dans le désespoir.

Elle regagne rapidement ses appartements et se met à murmurer une *Prière faite à la patrie* de l'abbé Raynal, écrivain qu'elle admire depuis son adolescence. L'auteur de *L'histoire du commerce des Européens dans les deux Indes* n'a pas hésité à crier à l'Assemblée Nationale son indignation de voir sombrer le peuple dans la violence.

« J'ose depuis longtemps parler aux rois de leurs devoirs ; souffrez qu'aujourd'hui je parle au peuple de ses erreurs... Hélas, j'étais plein d'espérance et de joie lorsque je vous ai vu proclamer tous les droits, soumettre aux mêmes lois, à un régime uniforme, les diverses parties de l'Empire... J'ai entendu ces voix insidieuses qui vous environnent de fausses terreurs pour détourner vos regards des véritables dangers. J'ai frémi surtout lorsque, en observant dans sa nouvelle vie ce peuple qui veut être libre, je l'ai vu méconnaître les vertus sociales, l'humanité, la justice, seules bases d'une liberté véritable... Lorsque je vois ce peuple séduit accueillir avec une joie féroce les propositions les plus coupables, sourire au récit des assassinats, chanter ces crimes comme des conquêtes...

« Appelés à régénérer la France, vous deviez d'abord considérer ce que vous deviez conserver de l'ordre ancien... N'auriez-vous pas oublié que des élections sans cesse renouvelées et le peu de durée des pouvoirs sont une source de relâchement dans les pouvoirs politiques ?... Vous faites toujours trop peu pour l'utilité publique et toujours trop pour votre doctrine... »

Ces mots, Charlotte aurait très bien pu les écrire. Si l'on pouvait arrêter l'Histoire... !

D'un côté, on massacre, on viole au nom d'une liberté totale et de l'autre, on proclame à l'Assemblée, le 14 septembre, la rédaction de la Constitution de l'an I, rendant quelques pouvoirs au roi, trois mois après la fuite de Varennes. Le pays n'est pas encore prêt pour la République. Marat lui-même adopte les idées des partisans de la monarchie constitutionnelle. Charlotte rêve d'un Etat civilisé, d'une démocratie et supporte avec beaucoup de patience et de sang-froid la désertion des habitants de la ville de Caen. On ne se sent plus en sécurité dans la capitale normande. Certains partent pour Rouen, réputée moins dangereuse, d'autres décident de fuir la France. C'est le cas de son frère Alexis avec lequel elle est restée en bons termes.

Comprenant le désarroi de sa chère cousine, Mme de Bretteville décide d'offrir un repas pour fêter le départ des émigrés le 29 septembre, jour de la Saint-Michel.

Tant de questions se bousculent dans l'esprit de Charlotte. Alexis a-t-il vraiment changé ? Est-il bel homme, gracieux, amoureux ? Comment se sont déroulées ses études ?

Les deux cousines, aidées d'Augustin Leclerc, rangent et nettoient la demeure dans tous ses recoins. Les membres de la famille Corday, sans exception : Jean-François, Eléonore, Alexis, Charles, ont accepté l'invitation de Mme de Bretteville. Elle a également convié son cousin, M. de Tournelis, qui accompagne son frère en exil, et, bien entendu, Mme de Maromme, témoin principal de la scène.

Vers midi, Charlotte s'impatiente. Une joie puérile illumine son visage lorsqu'on annonce les premiers arrivés. La famille ne s'est pas réunie depuis le décès de Mme de Corday, voilà tout juste dix ans. Les hommes se débarrassent de leurs manteaux dans le vestiaire installé au rez-de-chaussée et Augustin Leclerc s'affaire auprès d'eux. La jeune fille écoute le cœur battant les discussions, les éclats de rire, le parquet qui craque, le tintement des bijoux...

« Je la revois encore [...] vêtue d'une robe de taffetas rayée de blanc, ouverte sur un jupon de soie blanche, raconte Mme de Maromme. Sa riche taille se dessinait parfaitement sous ce costume qui lui seyait à merveille. Un ruban rose traversait ses cheveux et s'harmonisait avec son teint, plus animé qu'à l'ordinaire par l'incertitude de l'accueil qu'elle recevrait de son père, et par l'émotion de se retrouver au milieu de sa famille. C'était une créature idéale. »

Charlotte dévisage Jean-François et ses frères assis à la longue table dressée dans le salon tandis qu'Augustin Leclerc se déplace sur la pointe des pieds pour assurer le service.

Puis, pour amorcer la conversation, elle taquine Alexis et M. de Tournelis sur leur prochaine promenade :

« Elle les comparait à Don Quichotte partant pour combattre les moulins à vent ; ils espéraient rencontrer Dulcinée, ils ne trouveraient que des maritornes. »

Très vite, Alexis entame un débat politique et propose de lever un verre à la santé du roi. Soudain, le visage de Charlotte s'assombrit. Les traits tirés, l'estomac noué, elle ne bouge pas.

– Comment, mon enfant, vous refusez de boire à la santé de Louis XVI, un roi si bon, si vertueux !

– Je le crois vertueux, répond la jeune fille fermement, mais un roi faible ne peut pas être bon, il ne peut empêcher les malheurs de son peuple...

Charlotte a saisi le caractère velléitaire de Louis XVI, son incapacité à gouverner et à réprimer la violence ; elle sait que le pays est en pleine effervescence, qu'il peut se montrer dangereux, impitoyable et excessif. Cependant, elle garde son calme tandis que ses frères critiquent vertement cette attitude.

« J'étais en colère, continue Mme de Maromme [...] Nous n'en portâmes pas moins notre toast, puis on se rassit, chacun visiblement contrarié. Assurément, Mlle de Corday ne cherchait pas à nous déplaire mais, franche et incapable de déguisement, elle aurait rougi, sans doute, d'une apostasie que la circonstance exigeait peut-être, mais que la roideur de son caractère et l'inflexibilité de ses principes ne lui permettaient pas de simuler. »

Soudain, un coup de fusil formidable ébranle les murs de la maison de Mme de Bretteville. Charlotte sursaute et, délaissant les invités, ouvre la fenêtre, constate le désordre et la referme immédiatement. Deux coups tirés du château marquent l'annonce officielle de la manifestation en l'honneur de l'évêque constitutionnel du Calvados, un certain Fauchet, révolutionnaire et « piètre personnage ». Ce religieux, que Charlotte déteste, a le don d'exaspérer Alexis et M. de Tournelis. Rapidement, les deux hommes se précipitent pour huer le cortège. Jean-François attrape le bras d'Alexis. Il a compris qu'une telle attitude peut les mettre en danger. Quant à Charlotte, elle pousse violemment M. de Tournelis et l'apostrophe :

– Ne craignez-vous pas que la manifestation de vos sentiments ne demeure fatale ? A quoi sert une pareille bravade. Si c'est ainsi que vous croyez servir votre cause, vous feriez aussi bien de ne pas partir !

– Comment, Mademoiselle ! N'avez-vous pas tout à l'heure craint d'offenser les sentiments de votre père, de votre frère et de tous vos amis en refusant de joindre votre voix à un cri cher à vos aïeux ?

– Mon refus, réplique Charlotte avec vivacité, ne pouvait compromettre que moi, et vous, sans but utile, vous alliez risquer la vie de tous ceux qui sont avec vous. De quel côté dites-moi est le sentiment le plus généreux ?

La réponse est plutôt lapidaire. Alexis et M. de Tournelis n'ignorent pas que de telles prises de position publiques peuvent entraîner le peuple aux pires débordements.

Les reproches de Jean-François décontenancent Charlotte. Il n'a pas supporté l'attitude de sa fille qui, selon lui, ne respecte pas le roi de France. Elle ne partage pas son avis. Dans une lettre très peu connue à une amie d'enfance, datant de trois ou quatre jours après le fameux repas, et publiée pour la première fois le 19 avril 1866 par la *Gazette des Abonnés*, elle affirme à nouveau ses idées. Elle revendique son indépendance envers un pouvoir qu'elle réfute et donne, en même temps, une vision particulièrement réaliste de la situation politique de l'époque :

« Je ne déteste pas notre roi, au contraire, parce qu'il est plein de bonnes intentions ; mais, comme vous me l'avez dit vous-même, l'enfer aussi est plein de bonnes intentions et ce n'en est pas moins l'enfer [...]

« Le mal que nous a causé Louis XVI est trop grand pour ne pas frapper tous les yeux. Nous le voyons partout. Sa faiblesse fait son malheur et aussi le nôtre. Il me semble que, s'il avait voulu, il pouvait être le roi le plus heureux, régnant sur un peuple qui l'aurait adoré et qui aurait été heureux de le voir résister aux mauvaises inspirations de la noblesse. Car, enfin, il est bien vrai que la noblesse ne veut pas de la liberté qui, seule, peut rendre le peuple heureux et tranquille. Au lieu de cela, nous voyons notre roi résister à tous les avis que lui donnent les bons patriotes, et quels malheurs n'en est-il pas résulté ? De plus grands encore sont à craindre, car, après ce que nous avons vu, nous ne pouvons plus nous faire d'illusions. Souvenez-vous ma belle, de ce qui s'est passé à Rome, au temps de Tarquin. Ce n'est pas le roi qui fut la cause de la Révolution qui le renversa, ce fut son neveu. Il en est de même pour la France ; les amis du roi le perdront, je vous le dis, parce que le roi n'a pas le courage de renvoyer ses mauvais conseillers. Tout ce qui se passe nous le prouve bien et nous démontre que tout marche à une terrible catastrophe.

« Et comment voulez-vous que l'on aime Louis XVI, ce qui s'appelle aimer ? On le plaint et je le plains de tout mon cœur ; mais je ne crois pas qu'un tel roi soit capable de faire le bonheur de son peuple. Voilà ce que je pense. Cessez donc, ma belle amie, de m'adresser ces reproches qui ne sont pas justes, comme vous le voyez, puisque mes opinions sont appuyées sur de bonnes raisons. Quant aux paroles dures que m'a dites [mon père], je ne les mérite pas davantage. Ce n'est pas par esprit de contradiction que je ne partage pas la manière de voir de nos amis et parents, c'est parce que ma conscience me dicte le contraire de ce qu'ils pensent. Dites-lui bien pour qu'il ne me croie pas une fille qui dédaigne ses avis et assurez-le que je l'aime et le respecte autant que je le dois. Je ne vous en écris pas davantage aujourd'hui : je souffre d'ennui et de souvenir et de crainte et ne puis que vous embrasser encore une fois. »

Ce document est intéressant à plus d'un titre. En premier lieu, il est un démenti à toutes les thèses qui ont visé à démontrer le « royalisme » de la jeune femme. Il apporte un éclairage supplémentaire sur sa lucidité : elle prédit, avec l'exemple de Tarquin, la trahison de Philippe Egalité au procès de Louis XVI. Enfin, le texte reflète la rancœur de Charlotte envers un roi qui a bien du mal à tenir les rênes du pouvoir. En filigrane, on sent qu'elle reproche au monarque d'avoir signé la constitution qui disloquera l'Eglise. Des milliers de prêtres seront exilés, reclus, déportés ou vivront clandestinement. D'autres profiteront de la situation pour monter les marches de l'autel et y imposer leur loi.

Le fameux évêque Fauchet, par exemple, souhaite, pour régner, gagner l'entière sympathie des assassins. Il se garde bien de condamner l'attaque de l'Abbaye de Troarn où réside Alexandrine ! Une bande armée s'est introduite dans l'édifice, battant et violant les sœurs. Heureusement, l'amie d'enfance de Charlotte a été épargnée. Mais, non content de consentir à de tels actes, Fauchet se montre plus dur encore avec les prêtres réfractaires dont il encourage le meurtre.

« Des forcenés s'emparent [d'un prêtre], le traînent par une jambe depuis le premier étage, la tête du supplicié heurtant chacune des marches. Le lugubre cortège atteint la place [de la ville] et le capucin est battu à coups de pieds, de bâton, puis massacré. Plusieurs bourreaux dansent sur son corps ; une femme et sa fille s'acharnent sur le cadavre avec un couteau pour lui trancher la tête, un garde leur vient en aide avec son sabre. Une mascarade s'organise avec des torches ; la nuit venue, la tête fixée au bout d'une pique... Le cortège s'arrête au passage pour fêter le triomphe chez le cabaretier. En attendant, la tête est déposée sur l'étal d'une boucherie voisine. »

Un sentiment d'impuissance envahit Charlotte et lui donne le vertige. Par ces tueries, les limites de la raison sont dépassées. L'homme, redevenu animal, agit d'instinct. On assassine, on emprisonne le prêtre en exercice et le lendemain le bon peuple se réveille avec un autre abbé dans le chœur.

La jeune fille se sent personnellement touchée par cette politique d'exclusion, bien éloignée des idées d'égalité et de liberté qui devraient animer tous les défenseurs de la révolution. Elle a le sentiment que personne n'arrêtera le mouvement à présent. Et, comme si les mauvaises nouvelles ne suffisaient pas, elle lit chaque jour des articles dithyrambiques sur Marat. Sa rage est entretenue par les nombreux commentaires de la presse qui évoquent, à l'envi, le patriotisme exemplaire du héros de la révolution. Les mots de Marat font mouche, non seulement à l'Assemblée, auprès des représentants du peuple qui semblent avoir trouvé en lui un meneur incontesté, mais aussi auprès des plus pauvres avec lesquels il se montre compréhensif et charitable.

Avril 1792. Les Français n'ont plus qu'une idée en tête : étendre la liberté dans les autres Etats d'Europe.

Le pays prend l'offensive, et la guerre, devenue inévitable, est déclarée à l'Autriche par le ministre Girondin, le 21. Ce conflit, la reine l'a souhaité, et a travaillé à le provoquer. Sa correspondance nous rappelle à quel point elle désire sauver sa famille et... elle-même.

Très vite, les nouvelles de la frontière parviennent à Paris. Elles ne sont guère réconfortantes pour l'Assemblée qui décide la déportation des prêtres réfractaires. Le 20 juin, jour anniversaire de la fuite à Varennes, on frôle l'émeute. La foule, coiffée de bonnets rouges, armée de piques, plante un arbre de la liberté dans les jardins des Tuileries.

A Caen, l'atmosphère est tout aussi tendue. Un détachement de six cents gardes nationaux commandé par Gabriel de Cussy, aristocrate aux idées constitutionnelles, a été envoyé dans la paroisse de Verson, à quelques kilomètres, pour arrêter le curé réfractaire, le père Loiseau.

Prévenu de l'arrivée d'une véritable armée, Loiseau s'enfuit et une émeute éclate au sein de la ville. Ses partisans sont faits prisonniers et rapatriés à Caen le soir même. Le bilan est lourd. Soldats et artisans, bandits et curieux ont pillé, violé, dégradé sous l'œil approbateur de M. de Cussy.

Parmi les détenus, cinquante femmes sont incarcérées, tondues, battues pour avoir insulté un garde national. Sûres de leur innocence, elles demandent à être jugées par des hommes impartiaux. En vain.

« Vous connaissez le peuple, on le change en un jour,
« Il prodigue aisément sa haine et son amour »,
chante-t-on.

Les femmes sont les premières victimes des échauffements et des règlements de compte. On n'imagine pas qu'elles puissent avoir un rôle dans l'Etat. On se débarrasse de Théroigne de Méricourt [1], « l'amazone rouge de la révolution », et on ne parle plus que de contraindre les femmes à rester au foyer pour se consacrer entièrement aux tâches ménagères. Charlotte est consciente d'être vouée à vivre la révolution chez elle, avec la presse !

Elle a encore lu ces derniers jours le journal de Marat : « Quel est le devoir du peuple ? » en était le titre. Il faut « presser le jugement des traîtres de la Nation... et les immoler sur-le-champ. »

Non, vraiment, la jeune fille ne se reconnaît pas dans cette société, ni dans l'homme qui la soulève. Le triomphe de Marat achève de la convaincre que tout le sang versé a été gaspillé vainement. La France, enferrée dans une monarchie constitutionnelle, est une proie facile pour tous les candidats au despotisme qui prônent l'élimination de leurs ennemis pour accéder, sans trop de difficulté, au siège du pouvoir !

Charlotte a peur. L'insécurité règne dans tout le pays, autant en ville qu'à la campagne. Jean-François, au Mesnil-Imbert, va d'ailleurs en être la victime, en juin 1792.

Au retour de l'inventaire des biens appartenant à un cousin émigré, le père de Charlotte rencontre un homme aviné, aux joues couperosées et aux yeux vitreux. C'est le maréchal-ferrant, Jean-Louis Bellaunay, qui le déteste férocement depuis des années.

---

1. Voir *Théroigne de Méricourt, une femme mélancolique sous la Révolution*, d'Elisabeth Roudinesco, Le Seuil, 1999.

Réprimant une certaine appréhension, Jean-François feint l'indifférence. Mais déjà Bellaunay l'apostrophe :

– Vous n'avez pas le droit de porter des armes !

– Personne ne m'a jamais désarmé, rétorque sèchement M. de Corday.

– Vous [avez là] un bâton défendu, donnez-le-moi !

Aussitôt, le maréchal-ferrant se rue sur l'épée et se coupe en la saisissant !

– Vous m'avez blessé, il faut que je vous aie.

Le ton monte très vite mais l'agression est évitée de justesse grâce à l'intervention d'habitants courageux. M. de Corday poursuit son chemin et s'aperçoit rapidement qu'on le talonne. Il se retourne, dévisage l'homme qui le menace et s'enfuit à travers le premier talus.

– Sacré bougre, je t'aurai, hurle Bellaunay.

Jean-François atteint la première ferme, ouvre la porte avec violence et les yeux exorbités, lance un appel à l'aide.

– Epargnez-moi ! Le maréchal veut me tuer, il est saoul comme un gueux !

Grâce à ces braves gens, le père de Charlotte aura la vie sauve. Le lendemain, il porte plainte, sans résultat. Il n'est pas de bon ton, alors, de sanctionner un sans culotte, bon patriote. Jean-François décide, dans un premier temps, qu'il s'installera à Caen, près de sa fille.

Charlotte est sidérée par la violence de la population. Le Mesnil-Imbert ne semble pas plus épargné que les autres villages de la contrée. Et ce Marat qui excite chaque jour la population :

« Debout ! Debout et que le sang des traîtres commence à couler ! Point de quartier, vous êtes perdus sans retour si vous ne vous hâtez pas d'abattre ! Personne plus que moi n'abhorre l'effusion de sang [il ose !] mais pour empêcher qu'on en verse à flots, je vous presse d'en verser quelques gouttes. »

La justice ne se rend plus selon les lois du monde civilisé. On trouve dans les massacres une façon de se venger de la souffrance et du despotisme imposé depuis tant de siècles. Pour ceux qui ne se sentent pas le courage de tuer froidement, il existe une arme infaillible : la dénonciation ! Charlotte va en prendre pleinement conscience avec l'affaire Bayeux.

Le procureur général syndic Bayeux a libéré, devant une foule rageuse, quatre-vingts détenus innocentés. Cette initiative, pourtant légale, lui vaut d'être emprisonné, en août 1792, au château de Caen. Estimant la peine injustifiée, sa femme court à Paris défendre sa cause, obtient satisfaction et regagne la Normandie aussi vite que possible.

Le 6 septembre au matin, Georges Bayeux sort de la prison, mais une centaine d'hommes armés de piques et de bâtons s'emparent de lui, malgré l'intervention de ses collègues et de la garde nationale. Il est piétiné, découpé au couteau et dépecé devant son épouse en fin de grossesse et son enfant alors âgé de douze ans.

Depuis cet événement, Charlotte, remuée par les souvenirs de l'affaire Belzunce, très similaire à celle-ci, se retranche un peu plus encore dans le silence, au grand désespoir de Mme de Bretteville.

De temps en temps, la jeune fille sort en ville et observe les passants qui portent sur le visage la même expression de soumission. Les queues de ménagères grossissent en permanence devant les boulangeries. Les temps n'ont pas changé. On continue de réprimer constamment une population asphyxiée par la pauvreté. Charlotte est indignée. Seule une véritable démocratie pourrait, selon elle, endiguer les inégalités et la faim d'un peuple qui souffre.

Mais nous sommes encore loin de la République même si le roi n'a plus de pouvoir depuis la prise des Tuileries, le 10 août 1792. Le 14, Marat déclare que deux cent soixante-dix mille têtes doivent être coupées au nom de la liberté. Le vent de la tyrannie souffle en tempête !

« La nature semblait avoir rassemblé, en un seul individu, tous les vices de l'espèce humaine, laid comme le crime qu'il suait par tous les pores de son corps hideux et pourri par la débauche ; bête féroce, poltronne et sanguinaire ; il ne parlait que de sang, ne prêchait que l'effusion de sang, ne se délectait que dans le sang », écrit Buzot, avec dégoût.

Enfin, le révolutionnaire atteint des sommets avec les massacres de septembre. Du 2 au 5 de ce mois, mille deux cents personnes sont exécutées dans les prisons de Paris.

« On entasse, déplore Michelet, des hardes au milieu de la cour en une sorte de matelas. La victime lancée de la porte et passant de sabre en sabre, par des lances, des piques, vient après quelques tours tomber à ce matelas trempé de sang. Les assistants s'intéressent de la manière dont chacun court, crie, tombe... Les femmes surtout y prennent grand plaisir, insatiables, comme furieuses de curiosité. »

Le spectacle assuré, on trinque et on se désaltère au cri des martyrs. Dans les jours qui suivent ce terrible événement, on voit Charlotte prier avec ferveur à l'église Saint-Jean. Sans doute supplie-t-elle Dieu de contenir le peuple. Elle se prosterne, se signe et se plonge dans le silence, tentant de rechercher, dans sa mémoire, l'atmosphère sereine de l'Abbaye-aux-Dames.

Apaisée par ses incantations et les semaines qui passent, elle recouvre un peu d'espoir. Le procès de Louis XVI déchaîne les passions. La jeune Caennaise estime que les députés ont toutes les occasions de se racheter. Le régicide constituerait une sorte de légitimation des massacres précédents. Il lui reste encore une once de confiance.

Chaque matin, Augustin Leclerc ne manque pas de communiquer les nouvelles à Charlotte. A la lecture du journal de ce jour de janvier 1793, ses yeux s'emplissent de joie. Fauchet lui-même prêche, pour Louis XVI, « la clémence qui lui inflige une plus terrible peine que la mort ».

Pour une fois, Mlle de Corday est d'accord avec lui. Inutile de répandre le sang pour se débarrasser du despote !

Dans sa chambre, à la lueur de la bougie, elle entame de longues conversations avec Augustin Leclerc. Parfois, ils discutent d'un article de journal. Tout ce que Charlotte avance semble être d'une pertinence et d'une hardiesse inhabituelles. Elle reprend un peu la pensée de Mme Roland : « La révolution est ternie par des scélérats, elle est devenue hideuse. »

A l'écoute de sa jeune amie, le valet marque son approbation en rappelant la requête de Marat qui désire voir chaque membre de la Convention prononcer sa sentence à haute voix. Brissot et ses Girondins, formant la droite de l'Assemblée, avaient tenté de contester la proposition du révolutionnaire, lui-même soutenu par la Montagne, très à gauche. Il est facile de comprendre que les députés auront tendance à ne pas déplaire à Marat. Les conséquences de cette absence de confidentialité sont redoutables. La dictature n'est plus très loin.

Le dimanche 20 janvier, la mort est votée sans sursis, à une voix de majorité, celle de Philippe Egalité. Charlotte ne l'apprendra que trois jours après l'exécution du monarque. Nul ne peut imaginer son état d'esprit. Cette fois encore, elle trouve, dans les mots, le moyen d'exprimer sa profonde émotion.

« Vous savez la nouvelle, écrit-elle à Rose Fougeron du Fayot, une connaissance rencontrée chez Mme de Bretteville, votre cœur, comme mon cœur, a tressailli... Voilà donc notre pauvre France livrée aux misérables qui nous ont déjà fait tant de mal. Dieu sait où cela s'arrêtera. Moi qui connais vos bons sentiments, je puis vous dire ce que j'en pense.

« Je frémis d'horreur et d'indignation. Tout ce qu'on peut rêver d'affreux se trouve dans l'avenir que nous préparent de tels événements. Il est bien manifeste que rien de plus malheureux ne pouvait nous arriver. J'en suis presque réduite à envier le sort de ceux de nos parents qui ont quitté le sol de la patrie, tant je désespère, pour nous, de voir revenir cette tranquillité que j'avais espérée il n'y a pas encore longtemps... Mais Dieu nous retient ici pour d'autres destinées.

« Tous ces hommes qui devaient nous donner la liberté l'ont assassinée ; ce ne sont que des bourreaux. Pleurons sur le sort de notre pauvre France !

« Je vous sais bien malheureuse et je ne voudrais pas faire couler encore vos larmes par le récit de nos douleurs. Tous nos amis sont persécutés... Nous sommes en proie aux brigands, nous en voyons de toutes les couleurs ; ils ne laissent personne tranquille... Bref, après le coup horrible que vient d'éprouver l'univers, plaignez-moi, ma bonne Rose, comme je vous plains vous-même, car il n'y a pas un cœur sensible et généreux qui ne doive répandre des larmes de sang. »

Dans cette lettre, on perçoit l'immense déception de Charlotte ! Hélas, le jugement du roi qu'elle avait conçu au début comme un sursaut de probité, se transforme, une fois encore, en manœuvre politique. Les députés servent un régime qui tolère tous les excès, pourvu que les dénouements soient toujours présentés comme des nécessités de justice sociale. Le pays sombre dans l'hystérie sanguinaire d'une révolution qui ne connaît plus de limites. Avec la condamnation de Louis XVI, Charlotte n'accordera plus qu'un crédit minimum aux Girondins. Ce n'est pas en jouant la carte de la modération et de la diplomatie que l'on se débarrasse de la gangrène montagnarde ! Il faudrait d'abord exclure de l'Assemblée ces hommes qui parlent au nom des Français, sans connaître leur souffrance. Après, évidemment, on y verrait plus clair et on pourrait restaurer la religion, la justice, et asseoir une démocratie, selon les bonnes recettes des temps anciens.

Mais Mlle de Corday rêve. Certes, elle a chaque jour consacré une partie de sa réflexion à l'élaboration de la République. Elle a montré à plusieurs reprises une clairvoyance incontestable de la situation politique et de l'avenir. Elle aurait pu s'arrêter là. Mais, trop passionnée par ses idées, incapable de faire la part des choses entre sa vie privée et le sort de la France, Charlotte, à l'aube de ses vingt-cinq ans, est emportée par la tourmente qui la mènera vers la baignoire de Marat.

CHAPITRE IV

La décision

Un bruit sourd, amorti par la neige qui a recouvert tout le Calvados, parvient aux oreilles de Charlotte. Encore une émeute pour un croûton de pain rassis ou un fade morceau de viande noire ! L'année 1793, comme les cinq précédentes, s'ouvre dans un climat détestable. La vision du peuple affamé et les excès de la révolution ont définitivement brisé l'insouciance et l'enthousiasme de Charlotte.

De son côté, Marat savoure les délices de sa réussite sociale. Grâce à un travail acharné, il peut se vanter d'occuper une place sur l'échiquier politique et d'y être solidement établi. Enfin, le révolutionnaire détient le pouvoir tant espéré. Un geste, une parole prononcée, un article rédigé et une meute d'assassins se lève pour le satisfaire. Charlotte est persuadée que tout repose sur lui, que tout découle de lui. Elle l'imagine sourire à son triomphe, à sa puissance. Elle le déteste.

« Je n'ai jamais haï qu'un seul être, et j'ai fait voir avec quelle violence, dira-t-elle un jour, mais il en est mille autres que j'aime encore plus que je ne le haïssais. »

Depuis que Marat hante son esprit, Charlotte supporte de plus en plus mal ses sorties en ville. Elle sent la population répondre à l'appel du révolutionnaire.

Jean-François d'Armont, son père, a préféré, après son agression, rejoindre Argentan. Il s'est installé, en ce mois de février 1793, avec Eléonore, 22, rue du Beigle, dans une maison modeste et aspire à retrouver un peu de sérénité dans l'anonymat de la cité.

« On y parvenait, raconte Vatel, après avoir traversé plusieurs cours et passages voûtés ; on entrait ensuite par un petit jardin, sur lequel ouvrait une grande salle, pavée de carreaux de brique d'environ sept mètres en long, comme en large. Une grosse poutre soutenait les solives apparentes, les murs étaient lambrissés d'une boiserie ancienne qui formait placard dans les angles. En entrant, on apercevait à droite une profonde et très haute cheminée. En face, une porte vitrée donnait dans une petite chambre à alcôve éclairée par une fenêtre sur le jardin. Il se trouvait encore au rez-de-chaussée et à l'étage cinq cabinets et une chambre à feu, tous carrelés et de chétif aspect. »

Depuis quelques jours déjà, l'anxiété de Jean-François est à son comble. Il ne sait comment apprendre à Charlotte la mise en vente forcée des biens de son frère Charles-Amédée, curé de Vicques et prêtre réfractaire en émigration. Charlotte avait passé de longs mois chez lui avant d'entrer, comme novice, à l'Abbaye-aux-Dames. Prenant connaissance de la lettre de son père, elle reste muette.

La jeune fille n'a pas la force d'assister à la cession des meubles et demeure enfermée dans sa chambre.

Cependant, elle ne cache pas sa satisfaction lorsque Jean-François lui apprend, un sourire aux lèvres, que le résultat de ces enchères n'est pas satisfaisant : la commune n'a encaissé que quatre-vingt-trois livres et cinq sols. Les organisateurs ont invoqué plusieurs raisons à leur défaite. Les paysans ont, paraît-il, d'autres soucis : les travaux des champs et des difficultés financières. Mais Charlotte sait que les fidèles de la paroisse, solidaires de leur curé, ont acheté sans passion ni conviction. La population des campagnes reste attachée à ses valeurs, à ses terres et à ses gens !

Cependant, si la vente des biens de ce pauvre Charles-Amédée semble discrète et vite oubliée, un événement de taille marque le printemps et apporte un nouveau bouleversement dans sa vie.

Le 4 avril au matin, Augustin Leclerc frappe à sa porte, comme d'habitude, et lui annonce doucement l'arrestation de l'abbé Gombault. Charlotte est pétrifiée. Elle questionne le valet. Il connaît tous les articles de journaux par cœur et commence la lecture pour son amie.

A la mort de Jacqueline, l'abbé Gombault avait pris Charlotte sur ses genoux pour la consoler et l'apaiser. Il avait été plus présent que son propre père, plus efficace aussi. Attendri par la détresse de la famille, il avait permis à Charlotte et Eléonore d'entrer à l'Abbaye-aux-Dames et les avait extraites, pour un temps, d'un quotidien difficile. Sa situation présente, Charlotte la doit en grande partie à cet homme qui, un jour, l'a regardée tendrement, paternellement. Sans doute revoit-elle à cet instant le visage et les gestes du curé si charitable. Mais de quoi accuse-t-on l'abbé Gombault ?

Tout simplement, il a refusé de prêter serment. Il confie son chien à son voisin, un certain Le Comtois, homme de confiance qu'il a marié et dont il a baptisé les enfants. Le prêtre quitte la région pendant quelques mois et part clandestinement pour Paris. Sans ressources, Gombault regagne sa paroisse à pied, « marchant la nuit et passant les journées dans les fossés et les buissons ». A son retour, un ami lui conseille de se méfier de Le Comtois, et le cache chez lui. Mais le chien qui a senti le retour de son maître favorise les recherches. La cachette est découverte. Le curé réussit cependant à s'échapper jusqu'au bois du village de Mathieu. Poursuivi comme un gibier dans une chasse à courre, il est arrêté et enfermé dans l'ancienne fabrique de l'Abbaye-aux-Hommes. Le Comtois encaisse une belle somme, tandis que l'on convoque, à la hâte, un tribunal révolutionnaire dans la salle du chapitre des moines.

La lecture des articles par Augustin Leclerc achevée, Charlotte se lève, chancelante mais déterminée. Il faut agir maintenant et essayer de sauver un homme pris au piège. Elle s'habille rapidement. Une longue journée l'attend. La gorge nouée, les yeux séchés, le visage fermé, elle s'engage dans la ville grouillante, marche droit devant elle, sans rien voir, sans rien entendre. Ses pas la dirigent vers Bougon-Longrois.

Jean-Charles Hippolyte Bougon a ajouté volontairement le nom de Longrois afin d'éviter les moqueries. Grand, blond aux yeux bleus, le nez proéminent, jeune et plein de talent, il commence sa carrière comme secrétaire du directoire de Caen. Sa nomination d'accusateur public, puis de Procureur Général Syndic, le hisse au rang des notables de la ville. Grâce à sa grande discrétion, il est très bien accepté par la majorité des Caennais. Même si quelques mauvaises langues affirment qu'il est hypocrite, et si certains murmurent que son passé est trouble, il assure, sans faiblir, les responsabilités de ses charges. Charlotte l'a aperçu, pour la première fois, lors de son passage à l'Abbaye-aux-Dames lorsqu'il a appris la dissolution de sa congrégation.

Bougon-Longrois la reçoit très aimablement. Elle dévisage son interlocuteur et remarque une affabilité certaine chez cet homme qui l'écoute attentivement.

« Peut-être m'aidera-t-il ? » Elle s'oblige à le regarder intensément pour ne pas se laisser décontenancer. En quelques mots, la voici qui présente sa requête. Bougon-Longrois se cale dans son fauteuil, écoute d'un air sérieux et, repoussant les papiers qui encombrent son bureau, la rassure. En effet, le décret qui « punit de mort tout réfractaire trouvé sur le territoire français » n'est pas encore applicable. La convention l'a voté, certes, mais il n'entrera en vigueur que dans huit jours. L'abbé Gombault risque, tout au plus, la guillotine sèche, c'est-à-dire la déportation en Guyane. Enfin, Bougon-Longrois communique la liste des jurés dans laquelle se trouve le nom de Lacouture, artisan brasseur et voisin de Mme de Bretteville.

Cet allié de taille pourrait-il l'épauler ? Heureuse et satisfaite au-delà de son espérance, elle se rend immédiatement chez lui pour le convaincre de sauver le curé. Mais comment monnayer ce service ? Comment rembourser le prix d'une telle faveur ? Tenter d'acheter un membre du jury pourrait la conduire à l'échafaud. Elle entre dans le commerce. Le regard de Lacouture interroge celui de Charlotte. Elle ne veut pas laisser transparaître le moindre signe de supplication. Elle explique sa présence, simplement. D'un clignement de cil complice, Lacouture lui fait comprendre sa position et lui promet de minimiser au mieux la sentence. Sur ce, il prend congé pour rejoindre le tribunal.

Pendant les longues heures d'attente, Charlotte réfléchit et craint le pire.

Tard dans la nuit, l'artisan, exténué, découragé, pousse la porte d'entrée de sa maison. Charlotte, qui se ronge les sangs depuis le début de la soirée, entrevoit une silhouette et rejoint à la hâte son allié. Lacouture hésite à expliquer les dessous du procès car il a honte du rôle qu'on l'a forcé à jouer. Les juges ont, en effet, détourné le problème. Au lieu d'accuser le curé d'être réfractaire, ils lui ont reproché d'avoir émigré. L'abbé a nié. On lui a demandé de nommer les personnes qui l'ont hébergé. Il a refusé.

Condamné d'avance, Gombault sera guillotiné le lendemain; ses restes seront déposés au cimetière des quatre nations.

Charlotte est bouleversée. Cette sentence prononcée contre un innocent heurte profondément son sens moral et religieux. Elle n'a plus confiance en la justice. Les pensées de Mlle de Corday se tournent, à cet instant, vers l'homme qu'elle tient pour responsable : Marat ! Il symbolise pour elle la haine, la tyrannie, la violence, la déchéance.

Le vrai sens de la « mission » de Charlotte lui apparaît soudain comme une évidence. Puisqu'elle connaît le danger qui menace le pays, elle doit se sacrifier pour l'en protéger. Le quotidien de Charlotte, rythmé par les heures passées avec Mme de Bretteville et les rituels d'une existence maussade, ne la satisfait pas. Sa vie est d'une banalité déconcertante en comparaison de celle de cet homme qui gangrène la France. Elle se sent inutile. En débarrassant le pays du révolutionnaire, elle servira les causes auxquelles elle veut se consacrer : la République et le bonheur du peuple de France.

Toussaint Jean-Marie Gombault meurt le 5 avril sur l'échafaud à l'âge de quarante-trois ans. La décision de Charlotte est prise.

Le lendemain, à l'heure du thé, Mme Grandchamp lance, profondément choquée :

« Comment se fait-il qu'on endure ces monstres, qu'on tolère tous ces excès ? Il n'y a donc plus d'hommes ! »

Charlotte ne répond pas ; elle n'est déjà plus là ! Mais c'est bien une femme qui délivrera la France de la terreur. Elle va agir, vite. Obnubilée par son terrible projet, elle ne donne, cependant, aucun indice à son entourage, par crainte de le compromettre bien sûr, mais surtout pour disposer de toutes les cartes de la réussite. Tuer Marat devient pour elle une simple évidence, un acte réfléchi. Elle ira jusqu'au bout, déterminée et droite.

Le 8, elle demande son passeport sous prétexte de rendre visite à son père à Argentan :

« Laissez passer la citoyenne Marie Corday, native du Mesnil-Imbert, domiciliée à Caen, département du Calva-

dos, âgée de vingt-quatre ans, taille cinq pieds un pouce, cheveux et sourcils châtains, yeux gris, front élevé, nez large, bouche moyenne, menton rond, visage ovale.

« Prêtez-lui aide et assistance, en cas de besoin pour la route qu'elle va faire pour aller à Argentan.

« Délivré en la maison commune de Caen, le 8 avril 1793, l'an II de la république française, par nous Fossez l'aîné, officier municipal.

« Expédié par nous, greffier soussigné et à [la dite] citoyenne Corday. Signé

Marie Corday
Henri, Greffier. »

Les temps sont à la délation. Les risques de dénonciation par une population manipulée l'ont convaincue d'agir avec discrétion, de se dérober devant les questions que pourraient lui poser ses proches.

Charlotte cherche aussi, dans la littérature et la religion, une justification à son crime. Elle se plonge, des journées entières, dans ses livres. Elle a relu des passages de Xénophon, Platon, Socrate, Aristote qui officialisent le tyrannicide « dans la logique du droit naturel [1] ».

Pour les chrétiens, une certaine ambiguïté persiste. Le second commandement, « Tu ne tueras point », a fait l'objet d'un certain assouplissement notamment lors des conflits avec l'Empire Germanique. Jean de Salisbury pardonne le tyrannicide commis envers l'usurpateur et « le prince légitime qui gouverne contre le bien de la société ».

---

1. *Ethique* III, I.

Saint-Thomas d'Aquin reprend ces conditions : « Le meurtre du tyran d'origine est légitime tant que ce dernier n'a pas acquis un juste titre. »

Charlotte trouve donc aussi dans la religion une justification à son acte.

La Normande va prendre le temps nécessaire pour préparer son geste, pour le préméditer. Au quotidien, tout en restant visiblement ulcérée par les écrits de Marat, elle se retranche derrière une froideur telle, que même Augustin Leclerc s'en trouve dérouté.

Si elle choisit Marat plutôt que Danton, Robespierre ou Hébert pour accomplir le sacrifice, c'est qu'elle ne connaît que lui ! La feuille de Marat est populaire, lue, commentée, appréciée et incendiaire. On distribue *L'Ami du Peuple* dans les moindres recoins du pays alors que les autres journaux s'imposent avec difficulté.

Le 16 avril 1793, un mince espoir vient tempérer l'énervement de Charlotte. Depuis quelques jours déjà, le journal du révolutionnaire demeure introuvable. Augustin Leclerc lui apprend que Marat a été déféré, le 14, devant le tribunal révolutionnaire. Un vent de fureur déferle en effet sur Paris. L'ennemi se trouve de nouveau aux frontières. Le comité de Salut Public, chargé de défendre la nation, siège au pavillon de Flore pendant que la Montagne mène contre les Girondins – encore majoritaires jusque-là – une campagne violente. Ces derniers pensent se défendre en traduisant Marat en justice !

Charlotte ne croit pas à un revirement des Français. Mille trois cent cinquante et une têtes sont tombées en sept semaines à Paris dans la joie et la bonne humeur [1].

Dès les premières heures de la journée, elle se rend en ville afin de mieux prendre conscience de l'état d'esprit de la population.

Très vite, elle cherche à savoir et se modère pour ne pas laisser éclater sa colère.

Marat a été arrêté sur demande des Girondins, pour avoir encouragé « le pillage et le meurtre, un pouvoir attentatoire à la souveraineté du peuple et l'avilissement de la [nation] ».

Le sort de Marat n'est pas joué. Charlotte sait que la grande majorité du peuple le soutient. Chaque jour, elle suit furieusement le procès en devinant la conclusion des débats.

Marat se présente devant les juges, fier et souriant. Et surtout, il prend la parole le premier, transformant le prétoire en scène de théâtre. La voix puissante, le regard intense, les gestes amples de « l'injuste accusé » captivent immédiatement l'auditoire.

« Citoyens ! Ce n'est point un coupable qui paraît devant vous : c'est l'apôtre et le martyr de la liberté ; ce n'est qu'un groupe de factieux et d'intrigants qui ont porté un décret d'accusation contre moi. »

Marat ne plaide pas sa cause mais celle du peuple. Analysant, en excellent psychologue, le calcul de ses ennemis, il démontre aisément que l'on veut sa tête pour faire taire la voix des Français.

1. La Terreur fera seize mille cinq cent quatre-vingt-quatorze morts par le rasoir national. Il faut ajouter à ce nombre les massacres de septembre, les fusillés des villes rebelles, les noyés de Nantes et les victimes vendéennes.

Prenant le tribunal à témoin, il enchaîne avec panache les formules efficaces qui renvoient la faute sur les Girondins. Il est acclamé, porté par la ferveur des révolutionnaires. Cet homme « dont l'existence civile est un problème et l'existence physique un crime contre la nature [1] », parle au nom de la masse qui boit ses paroles. S'il se trouve aujourd'hui devant le tribunal, c'est « contre la manifestation la plus marquée de l'opinion publique et au bruit des huées continuelles des tribunes ».

Continuant sur sa lancée, Marat s'érige en redresseur de tort et accuse les Girondins, ses juges, d'être des traîtres de la Patrie. Pourquoi ? Le général Dumouriez a perdu la bataille de Neerwinden un mois plus tôt. Il en a rejeté la faute sur les commissaires de la convention qui sèment l'indiscipline parmi les troupes. Il traite avec le prince de Cobourg auquel il livre son armée et les places fortes : quatre enquêteurs et le ministre de la Guerre viennent immédiatement sur les lieux. Dumouriez les fait arrêter et les conduit à l'ennemi. Bientôt, il veut entraîner ses soldats qui restent fidèles, et les force à se réfugier dans le camp adverse, le 4 avril. Et ce général en question est Girondin.

Quand Augustin Leclerc lui parle de Dumouriez, Charlotte en est glacée. Elle a la certitude que Marat va utiliser les faits. C'est une erreur énorme du parti modéré que d'avoir négligé la force de « l'ami du peuple ».

La suite, hélas, est sans surprise.

---

1. Gorsas.

« J'ai examiné avec soin les passages cités des journaux de Marat, s'exclame le citoyen Dumont, premier juré. Pour mieux les apprécier, je n'ai pas perdu de vue le caractère connu de l'accusé et le temps de révolution pendant lequel il a écrit. Je ne puis supposer d'intentions criminelles à l'intrépide défenseur des droits du peuple. Il est difficile à un chaud patriote de contenir sa juste indignation, quand il croit son pays trahi de toutes parts, et je déclare que je n'ai rien remarqué dans les écrits de Marat qui soit propre à constater les délits qui lui sont imputés. »

Le 23, bouleversée, Charlotte demande son visa pour Paris. Le 24, le révolutionnaire est porté en apothéose ; à la sortie du tribunal, il crie, radieux :

« Je tiens les Girondins maintenant, ils iront aussi en triomphe, mais ce sera à la guillotine. »

Une impatience soudaine, un furieux besoin de hurler s'empare de la jeune Normande. Elle doit pourtant se taire, ne plus se poser de questions et trouver l'instant le plus propice pour agir. Il est grand temps maintenant de faire payer à Marat le prix de ses crimes.

Charlotte a envie de revoir son père, une dernière fois, avant d'aller au supplice.

Son passeport en poche, elle embrasse Mme de Bretteville et prend la diligence pour Argentan. Une demi-journée sera nécessaire pour atteindre la ville où séjourne son père. Sur le chemin, elle contemple pour la dernière fois les bocages et les plaines qui se succèdent sans transition. Elle connaît cette région, entourée par les forêts de Gouffern et d'Ecouves, mais aujourd'hui, elle en scrute les moindres détails comme pour mieux enregistrer les images qui l'accompagneront jusqu'à sa fin tragique. Elle voit passer, comme dans un songe, le château d'Ô et le domaine de Sassy.

Enfin, la diligence s'arrête et laisse s'échapper les voyageurs. Charlotte remercie le cocher et se perd dans la foule. Elle se rend d'un pas vif au 22, rue du Beigle, en plein centre-ville, et monte, préoccupée, les quelques marches qui la mènent chez M. de Corday.

Et c'est de nouveau la déception. Jean-François est aigri. Il ne parle que de lui, de ses revendications, de son interminable procès, néglige son entourage et perd tout contact avec ses enfants. Charlotte se lasse de son père et préfère repartir...

La jeune femme revient à Caen sous un soleil de plomb. Dès son arrivée, Augustin Leclerc lui lit l'article de Marat dans *L'Ami du Peuple* :

« Nous déclarons la guerre à mort aux anarchistes, aux proscripteurs et aux factieux et nous ne mettrons bas les armes qu'après les avoir fait entrer dans le néant. »

Hanriot, avec l'aide de soixante canons et de quatre-vingt mille sectionnaires, a fait arrêter les Girondins.

Charlotte décide, sur-le-champ, d'aller voir Bougon-Longrois. Il est, très certainement, mieux informé que les autres.

Le Procureur Syndic commence à prendre l'habitude de ces irruptions brutales. Bougon lui explique calmement qu'à l'Assemblée les Girondins ont tenté de paraître à la barre, en vain. A Evreux, la peur d'être arrêtés les a poussés à offrir leur soutien à Marat.

La phrase de Brissot revient alors à la mémoire de Charlotte comme une parole d'évangile :

« Les départements béniront le jour où les députés délivreront l'espèce humaine d'un homme qui la déshonore, qui a dégradé la morale publique, dont l'âme est toute de calomnie et la vie entière un tissu de crimes. »

Bougon-Longrois lui signifie également que les députés proscrits arriveront bientôt à Caen et s'installeront à l'hôtel de l'Intendance, situé rue des Carmes, en face du logement de la jeune fille.

Le 8, les Girondins font une entrée remarquée. Ils ont toute l'apparence de soldats souriants, revenus vainqueurs de la guerre. Ils n'ont plus rien en commun avec les grands députés responsables de la conservation de l'ordre public.

Charlotte apprend, de la bouche de Mme de Bretteville, que le général Wimpfen promet de marcher sur Paris avec soixante mille hommes!!! La Normande condamne la niaiserie de cet homme avec ironie. Soixante mille hommes, mais où va-t-on les trouver? Sûrs d'eux, les administrateurs n'ont pourtant pas hésité un instant à rédiger une proclamation :

Citoyens,

Une faction désorganisatrice a formé le projet de rétablir la royauté que nous avons détruite sous les formes hideuses de la dictature et du triumvirat. La majorité vertueuse de nos représentants est forcée de délibérer sous la hache des assassins; une municipalité séditieuse, secondée par des ministres corrompus et déprédateurs, qui s'est entourée d'un amas impie de brigands qu'elle soudoie avec les trésors de la République et qu'elle alimente du sang du peuple, ose enchaîner la volonté nationale.

Tous les départements, par un mouvement spontané, se lèvent avec l'indignation et la majesté qui conviennent à un peuple libre pour renverser le système impie du sang et de la désorganisation qui, par les longs malheurs de l'anarchie, amènerait infailliblement le retour honteux du despotisme.

Une armée formidable, composée de véritables amis de la République, va marcher sur Paris, où plutôt contre les brigands qui règnent sur cette cité... Vous savez si nous sommes attachés à la République; avec vous, nous voulons la liberté et l'égalité... Nous détestons les anarchistes, parce qu' [ils] sont d'accord avec l'aristocratie qui se réjouit de nos troubles, de nos divisions... Citoyens, calmez vos inquiétudes sur la liberté, elle triomphera de tous nos ennemis; rallions-nous autour d'elle, jurons une guerre implacable à tous les tyrans.

Très vite, le Calvados devient le siège de la révolte. Bougon-Longrois appelle aux armes et une nouvelle *Marseillaise* voit le jour à Caen grâce à un certain Girey-Dupré.

Sur la Montagne parricide,
Trônent de nouveaux tyrans,
L'anarchie à l'œil homicide,
Prononce ses arrêts sanglants.
Elle foule d'un pied rebelle
Du peuple les augustes droits,
Et le sceptre sucré des lois,
Tombe sans force devant elle...
Aux armes, citoyens, terrassez les brigands
La loi c'est le seul cri, c'est le vœu des Normands.

Cité républicaine et fière,
Caen, sois la marseillaise du Nord!
Porte toujours sur ta bannière
Les signes de Lois et de Mort.
Dans ton enceinte hospitalière
Tu reçois nos représentants
Ah! Qu'aux Français reconnaissants
Ta gloire à jamais sera chère!

Charlotte sait que tous ces efforts sont absolument inutiles face à la cohorte parisienne. Il est bien trop tard! Elle a du mal à supporter ces Girondins qui oublient un élément essentiel : la distance! La petite ville provinciale de Caen, touchante par sa détermination de résister au colosse parisien, n'a aucune chance de gagner la bataille. Une fille motivée a plus d'atouts pour sauver le pays de l'absolutisme qu'une mince armée de volontaires!

Mais avant d'accomplir son devoir, elle reçoit une lettre d'Alexandrine, sa chère amie émigrée, qui se plaint de ne plus percevoir sa pension. Que faire et qui contacter? Bougon, certes bien aimable, n'a pas le poids nécessaire pour plaider sa cause.

Le matin du 20 juin, en s'éveillant, le nom de Barbaroux s'impose à son esprit! La presse le dépeint en homme séduisant, jeune, éloquent, enthousiaste. Il croit en la République, fondée sur l'amour de la France, le désintéressement et la vertu. Il hait les Montagnards. Certes, au procès du roi, il a voté la mort et l'appel au peuple. Mais comme secrétaire de la convention et membre du comité de constitution du salut public, il s'est opposé à la création du tribunal révolutionnaire. Il a lutté contre les pouvoirs illimités donnés aux commissaires envoyés dans les départements. Il a dénoncé la dictature de Marat et se trouve parmi les proscrits Girondins. Du reste, il a encore bien de l'influence auprès des députés modérés.

Le vent se lève sur Caen et une poussière aveuglante envahit toute la ville. Charlotte n'a qu'une rue à traverser pour rejoindre l'hôtel de l'Intendance où se trouve le fameux Barbaroux.

Elle parcourt les quelques mètres d'un pas énergique, saisit fermement la poignée et s'engouffre dans ce lieu qui abrite tous les Girondins hors la loi.

« A l'Intendance où nous logions tous, témoigne Meillan, député des Basses-Pyrénées, s'était présentée pour parler à Barbaroux une jeune personne grande, bien faite, de l'air le plus honnête et le plus décent. Il y avait dans la figure, à la fois belle et jolie, et dans toute l'attitude de son corps, un mélange de douceur et de fierté qui annonçait son âme céleste. »

La voici dans l'encoignure de la porte. Elle considère Barbaroux qui s'essuie le front avec un mouchoir. Il est bien comme on lui avait décrit : un visage d'ange, fin, séduisant. Elle lui donne vingt-cinq ans, tout au plus.

D'une voix enrouée, un sourire aux lèvres, le député regarde Charlotte avec chaleur.

Elle lui livre son souci, plaide la cause d'Alexandrine et précise le caractère urgent de sa requête.

– Je crains fort que la recommandation d'un proscrit ne soit plus nuisible qu'utile à votre protégée, avoue Barbaroux.

Charlotte le sait. Elle avait envisagé cette réponse et demande conseil. Son interlocuteur lui parle alors d'un certain Lauze de Perret, qu'on appelle Duperret. Il est entièrement rallié à la cause Girondine et ne cesse de demander à l'Assemblée le retour des exclus. Barbaroux promet de lui écrire.

Charlotte rendra deux autres visites au député sans jamais obtenir satisfaction. En attendant fébrilement l'issue de ces concertations, elle renoue avec la nature et se promène dans les terres normandes ou au bord de la mer.

Un après-midi, à Courseulles, elle fait la connaissance d'un jeune abbé qui témoignera de cette rencontre.

– Quel grand spectacle que celui de la mer lorsqu'elle est turbulente comme aujourd'hui, commence l'ecclésiastique.

– Elle s'apaise au moindre signe du créateur mais il est un océan furieux dont on ne peut refréner l'audace, c'est le peuple, répond Charlotte.

– Oui, le flot révolté respecte au moins les limites que Dieu a présentées tandis que le flot populaire, une fois lâché, ne connaît plus de bornes.

– Que savez-vous si ce flot menaçant ne s'arrêtera pas seulement devant le doigt d'une femme.

« Nul ne la poussa à son dessein et nul n'en reçut confidence, note une contemporaine. Une fois sa résolution arrêtée, toute délicatesse féminine, tout retour sur soi-même, toute affection de famille s'éteignirent devant une telle perspective. Son cœur, si humain et si doux, se revêtit comme d'une armure qui le rendit inaccessible à tous les sentiments étrangers à son projet. Calme, forte, résignée, une fois convaincue que le coup qu'elle allait frapper ferait tomber un joug odieux et ramènerait ses concitoyens à des idées plus généreuses, elle ne jeta pas un seul regard de pitié sur elle-même ; elle ne donna pas une larme à l'effroyable fin qu'elle se préparait ; elle fut, sans faiblesse, comme sans remords. Elle oublia sa jeunesse, sa beauté, la douleur qu'elle allait causer à ses parents, à ses amis, et le danger auquel elle les exposait [...] La victime était marquée et le sacrifice devait s'accomplir. »

Le 6 juillet au matin, elle se rend chez une connaissance, Mme Gauthier de Villiers :

– Je viens te dire adieu, j'ai un voyage à faire, s'exclame Charlotte. Je n'ai pas voulu partir sans t'embrasser.

Puis, dans un élan d'une étrange intensité, elle se jette à son cou, l'étreint, et « s'enfuit sans mot dire, [la] laissant interloquée ».

Revenue dans sa chambre, elle termine la malle qu'elle enverra le soir même à la diligence, pour son départ prévu le 8. Deux chemises, deux jupons, deux paires de bas de coton, quatre mouchoirs blancs, un peignoir de toile, deux bonnets de linon, quatre fichus, un déshabillé de basin rayé, un dé d'argent, du fil et des aiguilles sont soigneusement rangés pour le séjour à Paris.

Le lendemain, un dimanche, elle se rend à la revue présidée par le général Wimpfen :

« L'enthousiasme paraît décliner au fil des jours, lit-on dans un journal local. Le grand rassemblement des gardes nationales, en vue de former un nouveau bataillon, a beaucoup déçu. En dépit de la foule massée sur le cours la reine, d'une parade magnifique et de discours enflammés, dix-sept volontaires seulement sont sortis des rangs... »

Charlotte, consternée, sourit du grotesque de la situation. Beaucoup condamnent les excès montagnards, mais bien peu paraissent disposés à jouer leur destin pour arrêter le tyran. Comme elle l'avait prédit, les paroles dépassent souvent les actions et, lorsqu'il s'agit d'œuvrer pour l'intérêt général, peu d'hommes sont capables de sacrifier leur vie.

Dans les jours qui précèdent son départ, Charlotte a perdu le sommeil. Les sentiments qu'elle a nourris depuis tant de mois exercent sur elle une pression violente. Encore quelques heures et tout sera fini. Cependant, elle décale son voyage pour se rendre au Mesnil-Imbert, écrire à Barbaroux et passer encore un moment avec Mme de Bretteville avec laquelle elle triche sur ses intentions ! Elle raconte à sa cousine qu'elle séjournera quelque temps avec son père à Argentan.

La journée du 8 l'ébranle encore un peu plus. Sans doute revoit-elle, à son arrivée au Mesnil-Imbert, les matins brumeux du Ronceray, ses grands-parents, et surtout sa mère. Charlotte ne reste pas longtemps. Sur le chemin du retour, elle croise le maire de Renouard et le prévient :

– Vous ne me verrez plus, je vais partir pour un long voyage !

Le soir, elle écrit à Barbaroux et termine sa lettre par une phrase qui n'interpelle pas l'intéressé :

« Adieu, mon cher député, je pars demain pour Paris, je veux voir les tyrans en face. »

Charlotte passe une dernière nuit sereine.

Le 9 juillet, elle se lève calmement et revêt une robe bleu foncé. En ajustant son chapeau à haute calotte noire sur sa lourde chevelure, elle pense certainement à ce passage de la bible qu'elle a si souvent lu :

« Parée d'une beauté merveilleuse dont le Seigneur l'avait dotée, Judith sortit de la ville pour se rendre à la tente d'Holopherne. »

Le visage poudré, Charlotte plie une lettre qu'elle vient d'écrire à son père.

« Je vous dois obéissance, mon cher papa, cependant je pars sans vous prévenir parce que j'en aurais trop de douleur, je vais en Angleterre parce que je ne pense pas qu'on puisse vivre en France heureux et tranquille bien longtemps. En partant, je mets cette lettre à la poste pour vous et quand vous la recevrez je ne serai plus en ce pays, le ciel nous refuse le bonheur de vivre ensemble comme il nous en a refusé d'autres, il sera peut-être plus clément pour notre patrie.

« Adieu, mon cher papa, embrassez ma sœur pour moi et ne m'oubliez pas,

Ce 9 juillet, Corday. »

Charlotte a menti pour plusieurs raisons. D'abord, elle ne désire pas que son père s'inquiète en la sachant dans la capitale. Et puis, ajoute Bernardine Melchior-Bonnet, Jean-François « sera tôt ou tard retrouvé et interrogé à Argentan, sans doute même molesté. Il faut qu'il puisse affirmer qu'il croyait son aînée partie en émigration, et en tous cas qu'elle l'avait laissé dans une ignorance totale de ses intentions. »

Charlotte sort de sa chambre comme d'une église ; en communion. La tête haute, elle traverse la cour d'un pas assuré. Elle porte une robe sombre et un bonnet « à la caennaise » appelé également « baigneuse ».

Augustin Leclerc l'accompagne. Ils avancent, coude à coude, en silence. Un silence pesant, douloureux. Sur son chemin, elle croise le fils du menuisier Lunel qui rapportera son dernier échange. Elle le prend dans ses bras, lui tend son carton à dessin dont elle ne se servira plus :

– Tiens, voilà pour toi, Louis, s'exclame-t-elle. Sois sage et embrasse-moi, tu ne me reverras jamais !

Le petit Lunel gardera, jusqu'à ses derniers jours, le goût de ce baiser.

Bientôt, elle parvient à la diligence. Elle se tourne vers deux hommes qui font une partie de cartes, les dévisage, les maudit :

– Vous jouez, et la patrie se meurt ! dit-elle avec arrogance.

Surpris, ils n'ont pas le temps de répliquer. La jeune Normande monte dans la berline, salue une dernière fois Augustin Leclerc. La voiture s'ébranle, longe les boutiques de la ville. Les rues sont paisibles, les passants bienveillants. A cet instant, Charlotte pense que bientôt, grâce à elle, le pays retrouvera son éclat d'autrefois dans une République aux idées neuves et au cœur pur.

CHAPITRE V

La mission

Par la fenêtre entrebâillée de la turgotine [1], Charlotte jette un dernier regard sur l'Abbaye-aux-Dames et succombe, avec une pointe de nostalgie, au charme des jardins où, souvent, elle méditait sur son avenir. L'édifice, autrefois paisible, avec sa façade en pierre de Caen, est aujourd'hui aux mains des révolutionnaires qui ne respectent pas ce qu'il représente.

Dans quelques heures, elle agira pour le bonheur et l'avenir de son peuple. Un seul détail l'angoisse : quand elle aura accompli son geste, on criera au complot. Or, en servant fidèlement la France, elle ne cherche pas à se mettre en valeur et ne s'associe à aucun parti politique. Elle souhaite seulement freiner le pays dans sa chute vers la tyrannie.

---

1. En 1775, Turgot donne son nom à un nouveau type de diligence pouvant accueillir 4 à 8 personnes. Cette voiture, tirée par 6 à 8 chevaux, à la caisse très étroite suspendue à des ressorts, est incontestablement plus rapide : deux lieues par heure.

Charlotte s'assure de n'éveiller aucun soupçon et ne se mêle pas aux conversations des voyageurs. La jeune femme garde le silence et fait même semblant de dormir.

La turgotine gagne rapidement Moult puis Saint-Aubin, à trois lieues et demie de Lisieux, [1] avec huit passagers à bord. Elle circule sur une route droite, large de quatorze mètres [2] mais très instable. Les trous rendent le voyage cahoteux. Mais Charlotte ne s'en plaint pas. De temps à autre, elle met la main en visière sur ses yeux en se penchant à la fenêtre. Derrière elle, un nuage de poussière soulevé par la voiture fait suffoquer le rare paysan qui fauche l'herbe sur le bas-côté. Devant, s'étendent de vastes champs de blé.

Lors du dernier arrêt avant Lisieux, la jeune voyageuse se décide à sortir pour se désaltérer. La chaleur accablante, en ce mois de juillet, rend les trajets harassants. N'a-t-elle pas oublié son éventail? « Non, il est là. » Ses cheveux châtain clair, presque blonds, libérés du chapeau qui les couvre, collent à son front où perle la sueur. Dix minutes de pause et il faut repartir.

La diligence continue de rouler plusieurs heures avant de pénétrer dans le faubourg Saint-Denis à Lisieux. Il fait jour encore, mais Charlotte, en franchissant le porche de l'hôtel du Dauphin, a l'étrange impression de pénétrer dans un tombeau. Tout est gris, ici. Une odeur de moisissure, de soupe rance et de vin rouge se mêle à celle du crottin des chevaux. Charlotte n'a pas l'habitude de fréquenter ces établissements où le temps d'une soirée chacun s'anime avec

1. Soit quatorze kilomètres.
2. Largeur indispensable pour assurer le croisement des voitures.

une familiarité déplaisante. « Dès sa descente de la voiture, se souviendra Mme Lemaître [1], on fut frappé par sa beauté. » La ruelle où s'érigeait l'hôtel porte aujourd'hui le nom de Charlotte Corday...

Elle n'adresse la parole à personne et cherche à passer inaperçue. En vain. Assise au milieu de tous ces hommes qui lui lancent des regards en biais, elle n'est pas très à l'aise. En face d'elle, un négociant d'une quarantaine d'années la fixe à travers ses yeux mi-clos. Fort heureusement, l'aubergiste, M. Delafosse, a deux filles qui s'entretiennent sur le balcon. On entend leurs murmures derrière la fenêtre. Charlotte se lève, prend congé, les rejoint d'un pas assuré et discute avec elles quelques instants avant de rejoindre sa chambre.

Le lendemain, comme à son habitude, la jeune fille se lève très tôt. Une journée et une nuit la séparent de Paris. Elle a hâte d'y parvenir et s'enfonce toujours plus profondément dans son obsession. Il ne saurait être question pour elle de reculer. A ce moment, très certainement, elle élabore son plan d'action, précis et infaillible.

C'est à la Convention qu'elle agira ! Elle croit le révolutionnaire en bonne santé, donc présent à toutes les séances. La jeune Normande s'imagine que, depuis l'arrestation des Girondins, ce lieu est devenu un repaire de criminels. Enfin, n'est-ce pas la Convention qui a encouragé la Terreur en permettant de poursuivre au Tribunal révolutionnaire « tous ceux qui par leur conduite, leurs relations, leurs propos, leurs écrits, se montrent partisans du fédéralisme et des ennemis de la liberté » ? Elle a conscience que cette assemblée est

1. Propos recueillis par un membre de la Société Antiquaire de Normandie.

en passe de triompher, de s'établir définitivement, avec à sa tête, le sanguinaire Marat.

La promiscuité de la voiture facilite les échanges. Bien entendu, la jeunesse et l'élégance de Charlotte qui se tient près de la porte, ses effets sur ses genoux serrés, la tête droite sous un chapeau noir à garniture sobre, ne laissent personne indifférent. Encore moins le négociant qui s'est placé avec empressement juste en face d'elle. Lorsqu'il la fixe, elle baisse les paupières :

« J'étais avec de bons montagnards que je laissais parler tout leur content et leurs propos, aussi sots que leurs personnes étaient désagréables, ne servirent pas peu à m'endormir, racontera-t-elle à Barbaroux dans une lettre rédigée dans sa cellule. Je ne me suis réveillée pour ainsi dire qu'à Paris. Un de nos voyageurs, qui aime sans doute les femmes dormantes, me prit pour la fille d'un de ses amis, me supposa une fortune que je n'ai pas, me donna un nom que je n'avais jamais entendu, et enfin m'offrit sa fortune et sa main. »

Au relais d'Evreux, dernier arrêt avant l'arrivée à Paris, les passagers en profitent pour se dégourdir les membres. Charlotte reste seule avec le négociant. Elle a bien du mal à se contenir. Il entame la conversation d'un ton badin. Elle l'interrompt immédiatement :

– Nous jouons parfaitement la comédie, ironise la jeune Normande. Il est malheureux avec autant de talent de n'avoir point de spectateurs, je vais chercher nos compagnons de voyage pour qu'ils prennent part au divertissement.

« La nuit, il chanta des chansons plaintives, rajoute-t-elle, propres à exciter le sommeil. Je le [laissai] à Paris, refusant de lui donner mon adresse ni celle de mon père à qui il voulait me demander. Il me quitta de bien mauvaise humeur. »

C'est le 11 juillet, vers onze heures du matin, que la diligence d'Evreux entame son dernier virage dans la cour des Messageries, place de la Victoire Nationale. Charlotte est couverte de poussière et n'aspire qu'à trouver un hôtel convenable. Les quarante-cinq heures de voyage dans une voiture sans réel confort, la présence de cet homme grossier en face d'elle, la température qui avoisine déjà les trente degrés, l'accablent de lassitude. Elle rêve de se reposer quelques instants et de se changer. Fort heureusement, le sieur Noël, chargé de renseigner les nouveaux arrivants, lui tend un carton :

Mme Grollier
Tient l'hôtel de la Providence
Rue des vieux-Augustins, 19
Près de la place Victoire
Nationale.
On y trouve des appartements meublés
A tous prix
PARIS.

Séduite par le nom même de l'établissement, Charlotte s'y rend immédiatement. Sans doute pense-t-elle que Dieu conduit les événements et les créatures vers la fin qu'Il leur a assignée. Le sieur Noël propose l'aide d'un préposé aux colis qui la guide. A peine cinq minutes de marche et Charlotte se retrouve devant un immeuble en pierre de taille. Le portier, Louis Bruneau, la dirige vers la tenancière, Mme Grollier en personne. La commerçante boite en affichant un sourire commercial. Dès le début de leur conversation, Charlotte sent qu'elle pourra obtenir de son interlocutrice toutes les informations qu'elle recherche. Elle extrait son passeport de sa poche doublée et le tend à la propriétaire qui note dans son registre :

Le 11 juillet : Demoiselle Marie Corday de
Département Calvados, Chambre
4 pour 5 nuits – 7 livres

Mlle Corday pense donc résider à Paris cinq nuits, ce qui lui paraît largement suffisant pour accomplir son geste. Le garçon de l'hôtel, François Feuillard, charge la malle de la Normande sur ses épaules et la dépose dans une chambre donnant sur la rue, au premier étage. Charlotte a atteint son but. Elle a gagné la capitale avec une facilité déroutante. Son souhait le plus cher est de s'étendre un instant. Mais son lit n'est pas fait. Elle demande gentiment « qu'on veuille bien le préparer car elle désire se reposer ».

Une coiffeuse, une cuvette avec son broc ébréché et une écritoire tachée d'encre constituent le seul mobilier de la pièce étroite et sombre. Mais Charlotte n'y attache aucun intérêt particulier. Elle doit simplement dormir. Et autant sommeiller la nuit pour ne pas se laisser impressionner par la tristesse de l'endroit.

– Toute réflexion faite, affirme-t-elle, je ne me coucherai pas. Je veux sortir au Palais-Royal [1].

1. Déposition de Mme Grollier.

Charlotte décide de régler le plus rapidement possible l'affaire de son amie Alexandrine de Forbin pour laquelle, officiellement, elle a gagné la capitale. Pour cela, elle doit se rendre chez Lauze de Perret, rue Saint-Thomas du Louvre. Elle se déshabille en un instant, enfile une robe beige rayée et des chaussures de marche avant de descendre au rez-de-chaussée.

Charlotte demande à la tenancière son chemin et les dernières nouvelles de la capitale. La commerçante raconte, entre autres, les préparatifs de la fête républicaine du 14 juillet prochain.

– Et Marat? interroge Charlotte.

– Les patriotes l'estiment beaucoup, les aristocrates le détestent.

La jeune Normande ne désire pas connaître l'opinion des Parisiens mais obtenir de plus amples détails sur la vie politique, la présence du révolutionnaire aux séances de la Convention, ses habitudes, ses goûts. Mais, là, Mme Grollier avoue son ignorance. Elle apprend pourtant à Charlotte que Marat, malade, ne sort plus de chez lui depuis quelques jours déjà. On ne sait même pas s'il prendra la parole lors de la fête du 14 juillet.

La jeune fille se ronge d'angoisse. Il lui faudra échafauder un autre plan pour atteindre son but. Elle se dirige enfin vers la rue Saint-Thomas du Louvre sous une chaleur écrasante. Paris semble tout aussi pauvre que la capitale normande : la queue devant les boulangeries et les magasins reste un spectacle courant.

Vers trois heures de l'après-midi, elle parvient au domicile de Lauze de Perret. La porte s'ouvre sur une des filles du député.

– Mon père est sorti, il est à la Convention.

– J'arrive ce matin de Normandie. J'apporte une lettre de Charles Barbaroux ainsi que des feuilles imprimées à Caen. Quand pourrais-je parler à votre père ?

– Dans la soirée. Mais vous pouvez laisser les papiers.

Charlotte dépose sur la commode de l'entrée un énorme paquet ficelé qu'elle avait, du reste, bien du mal à porter. Elle profite alors du temps disponible pour flâner dans les jardins des Tuileries et embrasser du regard l'édifice qui a accueilli les secousses de la Fronde, les agapes de la régence, et qui abrite désormais, dans son sein, la Convention et le Comité de Salut Public.

A cinq heures, la jeune Normande retourne rue Saint-Thomas du Louvre. Un homme élancé, au visage rond et au crâne dégarni, l'invite à entrer. Claude-Romain Lauze de Perret, âgé d'une cinquantaine d'années, député des Bouches-du-Rhône, digne descendant d'une famille de propriétaires terriens, résiste encore à la pression des Montagnards. Il demeure l'un des seuls rescapés de la chute des Girondins. Courtois, débonnaire et simple, il a néanmoins le gros défaut de ne jamais pressentir le danger. La Montagne, bien évidemment, cherche par tous les moyens à le supprimer.

– Est-ce au citoyen Duperret [1] que j'ai l'honneur de parler ? commence Charlotte.

– Oui.

– Je voudrais vous dire quelques mots en particulier.

1. Rappelons qu'il se faisait appeler ainsi pour cacher ses titres de noblesse.

La jeune fille expose la situation des Girondins à Caen, leurs difficultés à s'organiser, l'absence de chef véritable pour diriger le groupe, et surtout le ridicule de leurs rassemblements. Puis elle enchaîne sur la raison essentielle de sa visite. Elle doit absolument rencontrer le ministre de l'Intérieur Garat pour défendre la cause de son amie Alexandrine de Forbin qui se trouve dans une position difficile.

– Acceptez-vous de me seconder dans cette affaire ?

– La chose n'est pas possible en cet instant, puisque je suis en compagnie, répond le député.

– Demain, si vous voulez vous donner la peine de passer chez moi dans la matinée, nous irons ensemble chez le ministre.

– Je ne sais pas où vous logez [1].

Charlotte lui tend la carte que le sieur Noël lui a donnée le matin même et note son nom au dos avant de s'éclipser, sans même boire un verre d'eau.

– La plaisante aventure, raconte Lauze de Perret à ses invités. Cette femme m'a paru une intrigante. J'ai vu dans son attitude, dans sa contenance, quelque chose qui m'a semblé singulier. Demain je saurai ce qu'il en est.

Il le découvrira bien trop tard ! Pendant que le député passe la dernière agréable soirée de sa vie, en compagnie de ses proches, Charlotte dîne seule dans sa chambre d'hôtel. Puis elle s'attache à ranger ses affaires. Lorsqu'elle en aura fini avec Marat, les enquêteurs trouveront ses effets personnels correctement disposés. Elle s'inquiète de l'absence du révolutionnaire à toutes les manifestations. Comment va-t-elle l'appro-

1. Tous les dialogues sont extraits de l'instruction du procès de Charlotte.

cher ? Il lui faudra trouver un moyen de se retrouver seule avec lui. Elle devra le charmer pour endormir sa méfiance. Il faudra bien qu'il lui ouvre la porte de son appartement...

Le lendemain matin, un coup brutal sur la porte la fait tressaillir. Charlotte s'est levée très tôt, comme à son habitude.

– Entrez !

François Feuillard, l'employé de l'hôtel, lui annonce la présence d'un homme qui l'attend au rez-de-chaussée. Lauze de Perret a tenu sa promesse. Charlotte s'arrange en hâte et franchit le seuil de sa chambre. Le député propose de rejoindre à pied le ministère, puisque la rue Neuve-des-petits-champs est à deux pas. Durant le trajet, elle expose les revendications de son amie Alexandrine de Forbin et ce qu'elle attend de lui.

Un huissier leur explique alors que Garat a trop de travail pour les recevoir. Charlotte a l'habitude de ce genre d'excuse, Lauze de Perret aussi. Ils se permettent d'insister lourdement et, finalement, le ministre propose un rendez-vous pour 8 heures du soir. La jeune fille, déçue, regagne sa chambre d'hôtel, et entame, pour ne pas perdre de temps, la rédaction de son « Adresse aux Français », véritable justification de ses actes.

Adresse aux Français amis des lois et de la Paix.

Jusqu'à quand, ô malheureux Français, vous plairez-vous dans le trouble et les divisions, assez et trop longtemps des factieux ont mis l'intérêt de leur ambition à la place de l'intérêt général, pourquoi, ô infortunées victimes de leur fureur, pourquoi vous égorger, vous anéantir vous-mêmes pour établir l'édifice de leur tyrannie sur les ruines de la France désolée...

Le style déclamatoire de Charlotte est alors à la mode.

Les factions éclatent de toutes parts; la Montagne triomphe par le crime et l'oppression; quelques monstres, abreuvés de notre sang, conduisent leurs détestables complots et vous mènent au précipice par mille chemins divers aveuglés par leurs assignats et plus encore par leurs insinuations perfides...

Sa répugnance pour la tyrannie ne fait aucun doute...

Nous travaillons à notre propre perte avec plus de zèle et d'énergie que l'on ne vit jamais pour conquérir la liberté! Ô Français, encore un peu de temps et il ne restera de vous que le souvenir de votre existence passée.

Déjà les départements indignés marchent sur Paris; déjà le feu de la discorde et de la guerre civile embrase la moitié de ce vaste Empire, il est un moyen pour être efficace de l'éteindre, mais ce moyen doit être prompt... Marat dont le nom seul présente l'image de tous les crimes, en tombant sous le fer vengeur, ébranle la Montagne et fait pâlir Danton, Robespierre et les autres brigands assis sur ce trône sanglant, environnés de la foudre, que les Dieux vengeurs de l'humanité ne suspendent sans doute que pour rendre leur chute plus éclatante, et pour effrayer à jamais tous ceux qui tentent d'établir leur fortune sur les ruines des peuples abusés!

Les Montagnards que Charlotte ne peut plus tolérer détiennent le pouvoir mais elle n'a pas compris que derrière Marat des dizaines de candidats attendent patiemment leur tour.

Mme Roland disait de Charlotte qu'elle était « une femme étonnante... Mais faute de bien connaître l'état des choses, elle a mal choisi son temps et sa victime ». C'est vrai. La jeune révoltée sous-estime totalement l'importance d'un Danton ou d'un Robespierre. Ces derniers « pâlissent » devant Marat, mais ils prendront sa relève et la Terreur ne s'éteindra vraiment que lorsque Robespierre montera sur l'échafaud.

Français ! Vous connaissez vos ennemis, levez-vous et marchez ! Que la Montagne anéantie ne laisse plus que des frères, des Amis ! J'ignore si le ciel vous réserve un Gouvernement républicain, mais il ne peut vous donner un Montagnard pour maître que dans l'excès de ses vengeances. Que le règne des lois succède à l'anarchie ; que la paix, l'union, la fraternité effacent pour jamais toute idée de faction.

Charlotte a vingt-cinq ans et sa courte expérience de la vie ne lui a pas ôté ses illusions. Cependant, quoi qu'on en ait dit, elle a le cœur pur et les idées claires et se sacrifie entièrement pour son pays et son prochain.

Ô France, ton repos dépend de l'exécution de la loi, je n'y porte point atteinte en tuant Marat, condamné par l'univers, il est hors-la-loi... Ô, amis de l'humanité, vous ne regretterez point une bête féroce, engraissée de votre sang, et vous tristes aristocrates, vous ne le regretterez pas non plus, vous n'avez rien de commun avec lui. Ô ma patrie ! Tes infortunes déchirent mon cœur, je ne puis t'offrir que ma vie, et je rends grâce au ciel de la liberté que j'ai d'en disposer ; personne ne perdra par ma mort... Je veux que mon dernier soupir soit utile à mes concitoyens, que ma tête portée dans Paris soit un signe de ralliement pour tous les amis des lois, que la Montagne chancelante voie sa perte écrite avec mon sang [et] que je sois leur dernière victime.

Qui a l'univers surpris, cette grande action,
Soit un objet d'horreur ou d'admiration,
Mon esprit, peu jaloux de vivre en la mémoire,
Ne considère point le reproche ou la gloire
Toujours indépendant et toujours citoyen,
Mon devoir me suffit, tout le reste n'est rien,
Allez, ne sortez plus qu'à sortir d'esclavage [1]*...*

Mes parents, mes amis ne doivent pas être inquiets, personne ne savait mes projets. Je joins mon extrait de baptême à cette adresse pour montrer ce que peut la plus faible main conduite par un entier dévouement. Si je ne réussis pas dans mon entreprise, je vous ai montré le chemin, vous connaissez vos ennemis...

La spontanéité de sa plume, l'influence palpable de Corneille, son courage sans limite, sa détermination contre la tyrannie et sa clairvoyance lui permettent de rejoindre la cohorte des héroïnes de l'Histoire... « Je veux que mon dernier soupir soit utile... Je vous ai montré le chemin... »

1. Voltaire, *La mort de César*, acte III, scène 2.

Son destin est celui d'une héroïne de tragédie grecque. Pourtant, une injustice persiste, plus de deux cents ans après la mort de Charlotte Corday. Pour beaucoup, malgré le travail des historiens qui ont mis en évidence une républicaine ardente, elle demeure une royaliste illuminée... et surtout une meurtrière.

Satisfaite, Charlotte avale quelques gorgées de thé qu'elle vient de commander à François Feuillard et relit lentement, une ultime fois, son testament politique.

Un tambourinage répété la précipite soudain, hirsute, vers la porte de sa chambre. François Feuillard la prévient que le sieur de Perret l'attend au rez-de-chaussée. Elle descend avec une désagréable appréhension. Le député a deux heures d'avance.

L'homme a une lueur de panique dans le regard et semble métamorphosé. Les sourcils froncés, les joues creusées et pâles, il a perdu toute contenance.

– Je suis suspect, s'exclame-t-il. Les scellés ont été mis chez moi. Saint-Just me soupçonne d'être l'ami du général Dillon, il m'a dénoncé à la Convention. Ma présence chez Garat vous sera plus nuisible qu'utile, aussi je vous prie de choisir quelqu'un d'autre pour vous accompagner.

Charlotte sent sa gorge se nouer et sa tête s'alourdir du poids de la culpabilité. Elle sait qu'après le meurtre de Marat, Lauze de Perret sera, pour la Convention et le tribunal révolutionnaire, le complice de la demoiselle Corday. Elle engage le député à fuir, vite.

– Citoyen Duperret, murmure-t-elle sur le ton de la confidence, j'ai un conseil à vous donner : défaites-vous de l'Assemblée, retirez-vous, vous n'y faites rien.

Charlotte Corday, mélancolique, à l'Abbaye-aux-Dames. MARTINE SEYVE, MUSÉE DES BEAUX ARTS DE CAEN

Le Ronceray, une maison typiquement normande, cernée de pommiers. MARTIAL DEBRIFFE

Cauvigny, un havre de paix où Charlotte ne trouvera pas refuge. PATRICK LAVERNY

Caen, la ville aux cent clochers. ROGER-VIOLLET

L'Abbaye-aux-Dames, où Charlotte passa neuf années de sa vie. C'est actuellement le siège du Conseil Régional de Basse-Normandie. ÉDITIONS GAUD

Ses lectures influencèrent beaucoup Charlotte Corday. ROGER-VIOLLET

Doulcet de Pontécoulant regrettera toute sa vie de n'avoir pu se faire l'avocat de sa tendre amie Charlotte. ROGER-VIOLLET

Le triomphe de Marat, l'opportuniste, à la sortie du Tribunal Révolutionnaire. ROGER-VIOLLET

"Quoi ! C'est là Marat ! C'est cette chose jaune, verte d'habit, ces yeux si gris, si saillants... C'est au genre batracien qu'elle appartient à coup sûr, plutôt qu'à l'espèce humaine", note méchamment Michelet. ROGER-VIOLLET

Marat prêchant les massacres de septembre (1792). ROGER-VIOLLET

L'hôtel de la Providence, qui accueillit Charlotte avant son crime. ROGER-VIOLLET

La maison de Marat, au 30 rue des Cordeliers. ROGER-VIOLLET

L'arrestation de Charlotte Corday, le 13 juillet 1793. ROGER-VIOLLET

Charlotte Corday, une jeune insoumise. ROGER-VIOLLET

L'ultime portrait de Charlotte, dans sa cellule, avant son exécution. ROGER-VIOLLET

Le dernier voyage. ROGER-VIOLLET

Allez à Caen où vous pourrez avec vos collègues servir la chose publique.

– Mon poste est à Paris, je ne prends pas part aux délibérations, je n'ai pas ouvert la bouche depuis le 2 juin, mais je suis à mon poste, rien ne me le fera quitter. Du reste, si j'avais eu l'idée de m'en aller, je ne le pourrais pas puisque les scellés sont sur mes papiers.

– Les prisons sont pleines de gens dont la conscience est pure. Partez !

– Mon poste est à Paris, rien ne me fera partir.

– Vous faites une sottise ! Encore une fois, partez. Croyez-moi, fuyez avant demain soir !

L'insistance de la jeune Normande n'interpelle même pas le député qui hausse les épaules en guise de réponse. Une femme ne peut saisir toutes les subtilités de la politique ! Il prend congé. Charlotte se couche avec la conviction d'avoir tout essayé pour son amie Alexandrine de Forbin et avec la certitude que, demain, Marat ne sera plus.

A l'aube, elle se dirige lentement, avec « l'Adresse aux Français » plié en huit et son certificat de baptême dans son corsage, vers les jardins du Palais-Royal [1]. « Les piqûres sont encore visibles par l'épingle qui l'attachait sur le sein de Charlotte », écrit Vatel.

Il est sept heures à peine et la chaleur l'accable déjà. Elle attend sagement que les boutiques s'animent. Les cafés de Foy, de Valois, de Chartres, de la Rotonde, le restaurant Février qui l'entourent ont accueilli, la veille encore, les amateurs de politique.

1. Appelé Palais de la Révolution depuis septembre 1792.

Un garçon, une pile de journaux aussi lourde que lui dans les bras, annonce avec une voix de stentor les titres du jour :

– Demandez le jugement des agresseurs de Bourdon ! Neuf scélérats condamnés à mort !

Elle achète le quotidien et le parcourt. Tous ces hommes massacrés, sans l'ombre d'une hésitation, vont payer le prix de leur non-adhésion aux idées montagnardes. Charlotte est confortée dans sa décision.

Elle traverse le jardin, déterminée, pousse la porte du coutelier Badin, au 177 de la galerie de Valois, juste à côté du café Février où a été assassiné Le Peletier. Hôtel de la Providence... Coutelier Badin... Tout semble pousser Charlotte vers le but qu'elle s'est fixé.

Un homme mince, élancé, brun, les yeux ronds et brillants comme des billes d'agates, la démarche raide, la reçoit derrière son comptoir avec une dureté intimidante. Charlotte n'a guère le temps de s'appesantir. Badin soulève le couvercle de la vitrine pendant que la jeune fille se penche pour choisir. Elle pose bientôt le doigt sur un modeste couteau de cuisine pointu, fin, de « grandeur ordinaire ». Elle le paie quarante sols avec la gaine en cuir et place le tout dans son corsage. Pourquoi n'a-t-elle pas acheté de poignard ? Cette question a souvent été posée. La réponse en est simple ! Charlotte ne désire pas se faire remarquer. Une femme qui achète une arme, à huit heures du matin, sous les arcades du Palais-Royal, risque fort d'attirer l'attention ! Sans compter que le commerçant l'aurait très probablement questionnée !

Dans le procès-verbal, on apprendra que la lame du couteau mesure 5 pouces, soit 13,85 centimètres... Le petit neveu de maître Bureau, avocat à Paris et propriétaire du manoir de la Couvière sur la commune de Montmerrei, dans l'Orne, en était le propriétaire à la veille de la Deuxième Guerre mondiale. Depuis, on en a perdu la trace.

La jeune fille se dirige désormais vers la place de la Victoire, hèle un fiacre et demande à se rendre chez Marat. Le cocher ignore l'adresse du révolutionnaire mais se renseigne.

– Hôtel de Cahors, 30, rue des Cordeliers ! [1]

Pendant les trente minutes du trajet, Charlotte note ces informations sur une feuille de papier qu'elle classe minutieusement. Peut-être Marat sera-t-il absent ! Dans ce cas, une seconde visite s'imposera.

La voiture s'immobilise enfin. Charlotte se concentre pour ne pas se laisser paralyser par la peur. Elle marche vite, le plus vite possible, levant les yeux un instant sur la façade grise. Ainsi, voici le taudis où vit celui qu'elle appelle « le fauve ! » Le cadre semble parfaitement coller au personnage. Elle franchit le porche qui donne sur une cour étroite, sinistre et sale. Deux femmes discutent près d'un puits. Marie-Barbe Pain, la concierge, âgée de trente-trois ans, est décrite dans le procès-verbal d'instruction comme ayant « cheveux et sourcils châtains, yeux gris, nez long, bouche moyenne, visage et menton ronds, marqué de la petite vérole, l'œil gauche de verre ».

La deuxième, Jeannette Maréchal, est la servante de Marat.

Charlotte affiche un air détendu :

1. Rive gauche de Paris. L'immeuble a été détruit en 1876.

– Le citoyen Marat, je vous prie ?

– Au premier, sur le devant.

Une odeur de viande s'insinue à l'étage. La moisissure ronge les murs de l'immeuble. « Un châssis vitré permettait d'aérer la cuisine dont les relents se propageaient sur le palier », précise Lenôtre.

Charlotte continue son ascension. Quelques secondes plus tard apparaissent sur le seuil deux femmes de forte corpulence. Leur ressemblance est tellement frappante que Charlotte croit voir des jumelles.

– Le citoyen Marat, je vous prie ? demande-t-elle en avançant d'un pas.

– N'entrez pas, le citoyen Marat est malade, répond Simone Evrard, la compagne du révolutionnaire.

– Mais j'ai des choses intéressantes et très pressées à lui communiquer, il faut absolument que je lui parle.

– C'est impossible.

– Quand puis-je revenir ?

– Je ne peux le dire. Il est du reste inutile que vous reveniez, vous ne lui parlerez pas.

La porte se ferme violemment. Charlotte redescend, contrariée. Dans la cour, les deux mégères la fixent méchamment.

Persévérante, elle déambule dans les alentours avant de tenter à nouveau sa chance. Cette fois, elle est arrêtée par la concierge, Mme Pain, qui lui barre la route. Sans doute a-t-elle reçu des consignes de la part d'une des sœurs Evrard ! N'ayant nullement l'envie d'abandonner, Charlotte ne fléchit pas devant les difficultés, retourne dans sa chambre d'hôtel, pose le couteau sur la table et se promet de revenir l'après-midi.

Dans le vestibule, Mme Grollier s'est assoupie. Craignant de la réveiller, Charlotte se dirige à tâtons dans sa chambre. Toute sa journée menace d'être compromise par la présence de harpies qui montent la garde ! Une idée lui traverse l'esprit. Pourquoi ne pas écrire à Marat ? Les filles Evrard n'ouvrent certainement pas le courrier du révolutionnaire !

Elle a enfin trouvé la solution à un problème insoluble. Elle rejoint bruyamment le rez-de-chaussée, réveillant volontairement Mme Grollier.

– Si je fais porter une lettre dans un moment, puis-je avoir l'assurance qu'elle sera distribuée avant six heures ? questionne Charlotte.

La tenancière soupçonne immédiatement une liaison amoureuse entre Duperret et la jeune fille. Bien sûr, elle se méprend, mais son œil goguenard laisse présager bien des soupçons...

– Avec la petite poste, vous pouvez y compter, assure-t-elle.

Charlotte, placide, retourne dans sa chambre, s'installe confortablement devant l'encrier et rédige d'un seul trait le texte qu'elle destine à sa victime :

Je viens de Caen. Votre amour pour la Patrie doit vous faire désirer de connaître les complots que l'on y médite, j'attends votre réponse.

On a souvent affirmé qu'elle avait omis de signer le billet et de communiquer son adresse. Bien au contraire, Charlotte, fine et judicieuse, l'a oublié volontairement. Elle appâte sa proie, la fait saliver. Elle compte bien que Marat la reçoive en personne plutôt que de lui envoyer une réponse écrite. Il suffit désormais de patienter quelques heures avant de revenir à la charge...

Charlotte profite de cette attente pour s'occuper d'elle-même une dernière fois. Elle commande à François Feuillard la prestation d'un perruquier, se vêt d'un « déshabillé moucheté », couvre son décolleté avec un fichu rose discret. Elle retire ensuite le cordon noir de son chapeau de feutre et le remplace par un ruban vert, couleur qu'avait choisie Camille Desmoulins en signe d'espoir dans les jardins du Palais-Royal.

Certains pensent que Charlotte, tout comme Judith, « se lava le corps... répandit sur elle un parfum précieux... frisa ses cheveux »[1] avant de se rendre à la tente d'Holopherne pour l'assassiner. Mais elle a déjà essayé de tuer Marat le matin même sans avoir demandé les services d'un coiffeur !

D'autres ont prétendu qu'elle a mis tous les atouts de son côté pour séduire sa victime. L'attitude habituellement peu entreprenante de Charlotte avec les hommes rend cette hypothèse peu crédible. Il est vrai que son comportement peut paraître étrange. Mais la jeune fille a quelques heures à perdre et la chaleur torride, insupportable, qui plombe la capitale, l'amène très naturellement à se rafraîchir.

On gratte à la porte. Un nommé Férieux, propriétaire d'une boutique rue des Vieux-Augustins, entre et coiffe Charlotte avec beaucoup de savoir-faire. Le perruquier, taraudé par une curiosité déplacée, n'ose poser la question, mais... Que fait une jeune fille de cet âge dans une chambre d'hôtel parisienne avec un couteau de cuisine rangé dans un étui en cuir ? Il l'apprendra bientôt, lorsque les enquêteurs l'interrogeront.

1. Ancien Testament, apocryphe.

Cette fois, Charlotte sait qu'elle doit agir très vite. Demain, Marat sera sollicité par de nombreux amis qui lui rendront visite pour le 14 juillet.

La coupe achevée, elle se lève énergiquement, pivote sur ses talons, s'écarte de Férieux. Rapidement, elle promène un regard de satisfaction sur l'œuvre du coiffeur qui peut s'enorgueillir d'une belle réussite. Elle lui laisse un pourboire conséquent avant de désigner d'un air pressé la porte de sa chambre.

Marat a-t-il reçu son billet? Par mesure de prudence, Charlotte rédige une seconde lettre très courte qu'elle emportera avec elle. Si les sœurs Evrard lui barrent le passage, elle les suppliera de remettre la missive dans l'instant même à l'intéressé.

Je vous ai écrit ce matin, Marat, avez-vous reçu ma lettre ? Puis-je espérer un moment d'audience, si vous l'avez reçue, j'espère que vous ne me le refuserez pas, voyant combien la chose est intéressante. Suffit-il que je sois bien malheureuse pour avoir droit à votre protection.

Charlotte relit cette dernière phrase avec satisfaction. Elle sait que ses mots atteindront Marat. Le révolutionnaire, aussi épouvantable soit-il, a souvent fait preuve de compassion envers les misérables. La jeune fille joue la corde sensible, celle du cœur. « J'avoue que j'ai employé un artifice perfide pour l'attirer à me recevoir, tous les moyens sont bons dans une telle circonstance. »

Elle referme la porte de sa chambre derrière elle, salue Mme Grollier et fouille dans son aumônière dont elle retire son éventail et l'adresse de Marat.

– Cocher ! 30, rue des Cordeliers.

Parvenue à destination, elle s'assure que ni la concierge ni la domestique ne s'affairent dans la cour. Le passage est libre. Elle escalade alors hâtivement les dix-sept marches qui la mènent à l'appartement et « tire la tringle en fer ». Jeannette Maréchal, une cuillère à médicament à la main, lui ouvre la porte, stupéfaite de l'audace inqualifiable de la visiteuse.

Charlotte n'hésite pas une seconde, entre en force, contourne le corps massif de la servante et s'enracine dans le vestibule.

Dans la salle à manger, sur sa gauche, Marie-Barbe Pain empile le deux cent quatre-vingt-deuxième numéro de *L'ami du peuple*, plus violent que jamais :

« Ceux qui nous gouvernent sont des imbéciles. Il faut un chef à la France, [c'est-à-dire Marat lui-même] mais pour y parvenir, il faut encore du sang, non goutte à goutte mais à torrents. »

Charlotte sent qu'on l'épie. Contre le mur, à côté d'elle, une table en marbre croule sous un amoncellement de papiers. Au fond, la salle de bain... Elle a visualisé l'endroit où s'engouffrent les femmes de la maison, chacune leur tour. Marie-Barbe Pain interpelle Charlotte d'un ton sec :

– Que veux-tu citoyenne ?

– Je veux parler au citoyen Marat.

– C'est impossible, il est malade, il ne reçoit personne.

– Il faut qu'il me reçoive. Il est désagréable, et même abominable de ne pas être introduite. N'a-t-il pas reçu ma lettre ?

– Je n'en sais rien, il en reçoit des brouettées tous les jours.

Tout en discutant, Charlotte s'est avancée de deux pas. Un homme surgit de la pénombre. Le typographe Pillet, âgé d'une vingtaine d'années, apporte une facture de son patron, l'imprimeur Boichard. Souriant et dynamique, blond et gracieux, vêtu d'une chemise blanche et d'une culotte grise, l'éphèbe pénètre dans cette fameuse pièce au fond du couloir. Il est suivi du commissionnaire Laurent Bas qui, pour l'instant, reste en retrait. En sortent également les sœurs Evrard, discutant sur le dosage de la potion à administrer à leur protégé. La tanière de Marat, pense alors la Normande.

Déjà, Simone, la compagne du tyran, se soumet. Fumante de colère, elle invective Charlotte :

– Inutile d'insister, citoyenne, Marat ne te recevra pas, il est trop faible pour qu'on le voie.

Et Catherine rajoute d'un air pincé :

– Il faut t'en aller, citoyenne.

La fermeté de ces femmes, leur hostilité bornée, irritent la jeune fille qui tente de protester. Le typographe Pillet sort en effet de la salle de bain du révolutionnaire.

– Vous voyez que le citoyen Marat peut me recevoir puisqu'il reçoit ce jeune homme... Je n'en ai pas long à lui dire, mais c'est très important.

Charlotte a monté le ton, non pour donner l'illusion de se fâcher, mais pour attirer l'attention sur l'affrontement.

– Qu'est-ce que c'est donc d'insister comme ça, hurle Simone pendant que Charlotte s'avance de deux pas supplémentaires vers la salle de bain. Puisqu'on vous dit de vous en aller. Partez !

– Mais...

– Partez donc !

Cette fois, Charlotte ne peut plus insister. De toute évidence, sa tentative a de nouveau échoué. Raidie par l'échec, elle gagne la sortie quand soudain une voix rauque s'élève :

– Simone, qu'est-ce que c'est ?

Avec cette phrase, Marat signe son arrêt de mort. Le billet envoyé par la poste en début d'après-midi a annihilé totalement la méfiance du révolutionnaire. Il a cédé à la curiosité. Charlotte marche vers son destin, elle fait les derniers pas qui la mènent dans la salle de bain. La pièce, très étroite, ne lui permettra pas de faire d'amples gestes. La silhouette de Marat se dessine dans un nuage de vapeur.

Dans sa célèbre baignoire sabot recouverte d'une planche de bois qui lui sert d'écritoire, le révolutionnaire est une proie facile. Il consulte les quelques feuilles d'un dossier, pose sa plume et tourne légèrement la tête vers son interlocutrice. Deux pistolets accrochés au mur constituent la seule ornementation de la pièce. Etrange décoration pour une salle de bain ! A côté, sur une pancarte, deux mots glacent Charlotte sur place : LA MORT.

Marat est torse nu. Un turban trempé dans du vinaigre lui emprisonne les cheveux pour calmer ses démangeaisons. Charlotte fixe intensément la poitrine de sa victime. Où va-t-elle porter le coup fatal ? Elle redresse la tête et respire profondément. Il lui désigne un tabouret.

– J'ai reçu votre lettre citoyenne, que dit-on à Caen ?

– Dix-huit députés de la convention y règnent d'accord avec le département.

Simone, guidée par son intuition féminine, surgit. Elle sent Marat en danger et trouve une excuse pour le surveiller.

– N'ai-je pas forcé la dose de kaolin? demande-t-elle.

– Non... Enfin, tu peux enlever un petit morceau.

Agacée, Charlotte se tait. Simone s'exécute et sort.

Catherine entre et retire des restes de cervelle et de ris de veau posés près de la fenêtre, en pleine chaleur. Ce ballet terminé, Marat reprend la discussion.

– Quels sont les noms de ces dix-huit scélérats?

Ce dernier mot décontenance la jeune fille. Paralysée par la question, le visage livide, elle hésite un instant.

– Je vous ai posé une question, veuillez répondre.

Charlotte trésaille.

– Les noms, je veux les noms.

– Gordas, Barbaroux, Guadet... Louvet, Bourguoin, Pétion...Valady, Cussy,

– Les autres...

– Lesage...Kervélégan, Salles...

– Mais encore.

– Je ne me rappelle pas des autres.

– Alors, le département?

– Lévêque, président, Mesnil et Le Normand, administrateurs et...

– Et...

Marat fixe Charlotte avec complaisance. Il veut tous les noms, tous...

– Bougon-Longrois!

– Sous peu de jours, je les ferai guillotiner.

Cette fois, c'en est trop! Un sursaut de révolte la propulse en avant. En une fraction de seconde, elle tire le couteau de son corsage et, dans un geste précis, le plante avec hargne en plein cœur.

Marat a juste le temps de croiser le regard de sa meurtrière. Foudroyé par le choc et saisi par la peur, il ouvre la bouche et tente de crier. Mais seule une plainte, presque inaudible, sort de sa gorge. Suspendue au rythme de sa respiration, Charlotte perçoit sans doute dans les yeux vitreux de sa victime une lueur de souffrance.

Le sang s'échappe par giclées de la plaie béante, colore l'eau de la baignoire, coule sous les aisselles, le long du bras, des doigts du révolutionnaire, puis goutte sur le sol. Déjà, Marat ne réagit plus. Charlotte sait maintenant qu'elle a visé juste et pose le poignard sur une petite table. Elle a fait son devoir.

CHAPITRE VI

Les jeux sont faits

Les sœurs Evrard, alarmées par le râle de Marat, accourent dans la salle de bain. Tétanisées par le spectacle qu'elles découvrent, elles ne trouvent pas la force de réagir. Il est d'ailleurs trop tard. Collées l'une à l'autre contre la porte, les deux femmes regardent le sang jaillir de la plaie.

« L'homme le plus aimé des Français » est mort et bien mort. Charlotte a atteint son but. Elle se laisse envahir par un sentiment de satisfaction. Elle a accompli sa mission. Mais en poignardant le révolutionnaire, elle s'est aussi tuée elle-même. Sans doute animée par l'instinct de survivre, elle cherche à fuir les lieux du crime et elle regagne le vestibule. Mais Mme Pain appelle la garde au secours par la fenêtre.

Le commissionnaire Laurent Bas, qui n'a pas encore quitté le logis du révolutionnaire, attrape une chaise dans le couloir et la jette à la tête de la jeune fille. Charlotte s'écroule. Fort heureusement, son chapeau a amorti le choc et elle se relève lentement, avançant toujours vers la porte de sortie. Laurent Bas s'emploie alors à la retenir, et l'attrape, selon son élégante expression, « par les mamelles ».

Pendant ce laps de temps très court, Mme Pain est descendue chercher du secours. Elle revient avec le docteur Michon Delafondée, chirurgien dentiste habitant l'immeuble lui aussi. Il entoure la poitrine de Marat d'un linge propre, serre la plaie qui ne cesse de saigner et tâte, en vain, le pouls de la victime. Avec l'aide de Simone Evrard, il traîne le corps jusqu'à la chambre, en attendant l'arrivée du docteur Pelletan, demeurant rue de Touraine, à deux pas du domicile de Marat.

Enserrée par Laurent Bas, Charlotte n'a plus l'intention de fuir ! Le commissionnaire, aidé par le dénommé Cuisinier, limonadier de la place Saint-Michel arrivé en renfort, la contraint à se montrer conciliante ! Elle est ligotée sur place par les deux hommes.

Dehors, le soleil disparaît sur un horizon flamboyant. La nouvelle se répand rapidement dans Paris et les premières lanternes vacillantes éclairent la face des Montagnards rassemblés devant le domicile de Marat.

Jacques-Philibert Guellard, commissaire de police, surgit bientôt dans l'entrée. De taille moyenne, bien proportionné, les traits durs et le visage hermétique, il a l'allure du fonctionnaire sûr de lui et pointilleux. Charlotte, échevelée, maintenue par Laurent Bas et Cuisinier, l'affronte du regard. Le policier inspecte d'un bref coup d'œil les lieux du crime et ressort rapidement de la salle de bain. Il attrape la meurtrière par le bras et la conduit vigoureusement au salon. De la cour monte le sourd murmure d'une population sous le choc.

Guellard prend place derrière la table qui servira de bureau. Rejoint par Marino et Louvet, tous deux administrateurs au département de police à la mairie, Guellard, le front perlé de transpiration, ordonne la fouille complète de la jeune femme. Charlotte, immédiatement, se rebelle puis indique l'emplacement de ses papiers civils, de sa montre en or ainsi que de son *Adresse aux Français*. On dépose l'ensemble sur la table. Dès lors, l'interrogatoire peut commencer.

La Normande décline son identité pendant que pénètrent dans le salon Hébert, directeur du *Père Duchesne*, Camille Desmoulins, Drouet [1], le député Harmand de la Meuse, et Chabot qui « examine [la jeune fille] avec une impudence extrême ». Cet ancien capucin, ennemi juré des Girondins, la dévisage avec arrogance. Charlotte, pourtant en situation de faiblesse, soutient son regard. Il s'approche d'elle doucement. On le surnomme le « dindon » à cause de son « faciès bleu violacé » et de sa « démarche affectée ». Charlotte n'en a pas peur. Rien ni personne ne lui ôtera sa sérénité. Elle n'a plus rien à perdre.

Elle attend dignement la première attaque de Chabot qui pressent l'importance de cette affaire sur sa carrière à venir. Charlotte fixe ce visage rondelet que la pénombre enlaidit plus encore.

– Vous portez votre tête sur l'échafaud, misérable, lance le religieux défroqué [2].

---

1. Celui-là même qui reconnut Louis XVI sur l'assignat que le Roi lui tendit à un relais lors de la fuite de la famille royale pour Montmédy. Voir *Sur la route de Varennes* de Paul et Pierrette Girault de Coursac, la Table Ronde, 1984.

2. Dialogue tiré du rapport d'interrogatoire.

– Je le sais bien, répond-elle.

Puis, quand il attrape d'un geste brusque la montre en or déposée sur la table, la soupesant avec envie, Charlotte ajoute :

– Oubliez-vous donc que les Capucins ont fait vœu de pauvreté ?

Glacé par l'humiliation, le dindon réplique :

– Comment avez-vous pu frapper Marat droit au cœur ?

– L'indignation qui soulevait le mien m'indiquait la route... lance-t-elle un sourire aux lèvres.

Chabot, interdit, recule de quelques pas, laissant place à Legendre :

– N'est-ce pas vous qui êtes venue chez moi ce matin en vous donnant comme religieuse ?

Charlotte prend juste le temps de respirer et s'exclame d'une voix assurée.

– Vous vous trompez, citoyen, un homme comme vous n'est pas de taille à être le tyran de son pays. Il faut pour cela une autre envergure et vous ne valez pas qu'on se donne la peine de vous punir. D'ailleurs, je ne voulais frapper personne d'autre que Marat.

L'interrogatoire ne se déroule pas comme le souhaiteraient les policiers. Guellard n'a pas encore parlé mais ne s'y aventure pas. La jeune fille en profite pour réaffirmer que personne ne connaissait ses intentions et qu'elle n'a aucun regret. Hébert écrira le lendemain dans son *Père Duchesne* : « Elle a la douceur d'un chat qui fait patte de velours pour mieux griffer, elle ne paraît pas plus troublée que si elle avait accompli la meilleure action, elle est allée en prison aussi tranquillement qu'à un bal. »

Mais avant de lui faire quitter la demeure du tyran, Guellard tient à ce que Charlotte aperçoive une dernière fois sa victime. Le révolutionnaire, aux mains des embaumeurs dirigés par Léon Deschamps, chirurgien, n'est pas beau à voir. Sa langue pend de manière grotesque hors de la bouche. Personne ne réussira à la remettre en place. On la coupera. Le bras droit, qui avait glissé le long du lit, est maintenant figé. On le cassera pour que le corps puisse entrer dans le cercueil.

A ces détails macabres, il existe une explication. Le docteur Pelletan, dans son rapport, explique que « le coup de couteau porté au dit Marat a pénétré sous la clavicule du côté droit, entre la première et seconde vraie côte, et cela si profondément que l'index a facilement pu pénétrer de toute sa longueur à travers le poumon et que d'après les organes, il est probable que le tronc des carotides a été ouvert, ce qui indique encore la perte de sang qui a causé la mort, et qui sortait à flots de la plaie, au rapport des assistants... » Ces propos sont confirmés quelques heures plus tard par le Chirurgien Louis Deschamps « ... L'aorte était percée de part en part, l'oreillette grande ouverte près de sa base ; son extrémité supérieure [tranchée] dans toute son épaisseur. Le couteau dirigé de devant en arrière avait pénétré entre la première et la seconde côte. »

« Marat a tiré la langue durant un gasp d'agonie », explique le Dr Claude Nussli, anesthésiste. « Il n'y a aucun lien entre la position de la langue, le bras et le coup de poignard, continue le Dr Françoise de Turckheim. Marat est mort d'une hémorragie massive après lésion de l'aorte et de l'oreillette. Le fait qu'on ait coupé la langue et cassé le bras de Marat est lié à la rigidité cadavérique qui survient entre une et six heures après le décès... Dépassé ce délai, celle-ci régresse pour laisser place à un phénomène de putréfaction. »

On peut conclure que Marat a été transporté dans son lit la langue pendante. Michon Delafondée, le chirurgien dentiste, et Simone Evrard ont oublié, dans la panique, de mettre le bras droit du mort le long de son corps. Tous se sont ensuite affairés à ne pas laisser fuir Charlotte, à l'interroger, à chercher un médecin. La raideur intervenant, on n'a pu remettre le membre en place. De plus, en raison de la forte chaleur qui régnait à Paris et de la maladie de Marat, il n'était pas possible d'attendre les soixante-douze heures nécessaires à la décrispation... [1]

Simone Evrard est assise sur le lit, les mains sur les genoux, la tête penchée, en état de choc. Charlotte ressent de la compassion pour la compagne du tyran.

– Oui, c'est bien moi qui l'ai tué, confirme-t-elle.

La jeune fille, à partir de cet instant, porte une attention particulière à l'image qu'elle désire laisser à la postérité. Elle prend une attitude froide et distante avec le monde qui l'entoure.

– J'ai rempli ma tâche, les autres feront le reste !

Charlotte ne se doute pas que les « autres » ne feront rien, que la Terreur se profile et que vingt-deux mille neuf cent trente-huit personnes paieront encore de leur vie le prix de la révolution.

---

1. Lorsque Charlotte a accompli son geste, le révolutionnaire, en phase terminale de sa maladie, n'avait plus que quelques mois à vivre, tout au plus !

Il est deux heures du matin. On lui lit le procès-verbal. A plusieurs reprises, elle apporte à la déposition des précisions, rectifie quelques mots avec politesse. Afin de lui permettre de signer sa déclaration, Guellard lui détache les poignets qui portent la marque des liens. Elle bouge ses doigts engourdis, paraphe les feuillets et se retourne vers ses interlocuteurs.

– S'il vous était indifférent, Messieurs, de me faire souffrir avant de mourir, je vous prierais de permettre que je rabatte mes manches ou que je mette des gants sous les liens que vous me préparez.

Tous se lèvent. Il est temps de quitter le domicile de Marat. Drouet ouvre la marche tandis que le reste de l'assemblée emboîte le pas à Charlotte. Conduite à la prison de l'Abbaye, la plus proche de la rue des Cordeliers, la jeune fille est persuadée qu'elle ne l'atteindra jamais. La foule l'aura massacrée avant. Elle sent dans son dos le regard des hommes parcourir ses cheveux, sa nuque, ses épaules. Elle se raidit plus encore. Le groupe s'engage dans l'escalier. Le cœur de Charlotte cogne dans sa poitrine. L'angoisse la saisit, l'obligeant à marquer une pause sur la dernière marche.

– Allons !, s'exclame Guellard en la bousculant légèrement.

Dans la cour, la foule, armée de pics et de bâtons, attend sa proie. Elle ferme les yeux. « Pourvu que tout aille vite ! » Mais déjà Drouet s'adresse à la foule.

– Ne la tuez pas, nous perdrions tous les fils du complot.

La jeune fille attrape de ses mains moites les plis de sa robe et suit précipitamment le héros de Varennes dans la même voiture qui l'avait amenée six heures plus tôt. Le cocher, d'ailleurs, a su tirer de cette histoire une popularité en relatant à la foule assemblée, avec jubilation, les détails du trajet aller. Il poussera le vice jusqu'à afficher sur la portière de son fiacre une pancarte publicitaire : « J'ai transporté Charlotte Corday. »

« Lorsque nous fûmes sortis, continue Drouet, on la fit monter en voiture où nous entrâmes avec elle et tout le peuple se mit à faire éclater les sentiments de sa colère et de sa douleur. On nous suivit. Enfin, craignant que l'indignation dont il était animé ne [le] portât à quelques excès, nous prîmes la parole... [La foule] se retira et nous laissa passer. Ce beau mouvement opéra un effet surprenant sur cette femme. Elle tomba d'abord en faiblesse puis, étant revenue à elle, elle témoigna son étonnement de ce qu'elle était encore en vie, de ce qu'[on] ne l'avait pas massacrée. Elle demanda avec émotion comment il se faisait que les magistrats de la loi eussent autant d'autorité sur le peuple qu'on lui avait présenté comme un composé de cannibales... »

Ces dernières lignes de Drouet sont intéressantes. Elles montrent bien que Charlotte Corday avait une perception faussée, pas vraiment objective des événements qui se déroulaient autour d'elle. Influencée par ses lectures, impressionnée par les quelques soulèvements violents qui ont marqué le début de la révolution, elle s'est fait une représentation caricaturale de la population qu'elle imagine incontrôlable, sanguinaire, prête à toutes les extrémités. Pourtant, Charlotte souhaite le bonheur du peuple, tout comme Marat. Simplement, tous deux envisagent des moyens complètement opposés pour y parvenir. La jeune fille conçoit l'instauration de la démocratie dans la paix et grâce au dialogue. Pour le révolutionnaire, il faut faire table rase du passé avec violence et reconstruire. Charlotte rêve d'une république, Marat d'une dictature populaire à l'antique.

L'évanouissement de la Normande, qui « tombe en faiblesse » pour reprendre l'expression de Drouet, face à la haine de tant de monde, a suscité bien des commentaires. Ses défenseurs ont cru à la thèse de la fatigue ou de l'émotion dues à l'interrogatoire. Mais Charlotte a peur du peuple et de ses excès. A cet instant, elle croit qu'elle va être massacrée comme le fut Belzunce à Caen.

Le fiacre s'immobilise bientôt devant un impressionnant bâtiment. La prison de l'Abbaye est, en fait, l'ancien monastère de Saint-Germain-des-Prés, construit par Gamart entre 1631 et 1635. Charlotte marche à petits pas vers l'austère édifice. Elle passe à côté d'un garde imperturbable. En franchissant la porte, la jeune fille pousse un soupir de soulagement ; elle va enfin pouvoir se reposer. Dans le vestibule enfumé, sur une table rectangulaire, traînent des bouteilles vides, de l'encre et du papier. Un homme assoupi accueille le petit groupe dans la pénombre. La flamme d'une bougie fait trembler faiblement l'ombre de son bonnet rouge. Charlotte est enfermée provisoirement dans une pièce attenante, étroite, sans jour, appelée familièrement le violon, expression qui restera. Pendant ce temps, Drouet, Marino et Louvet signent l'ordre d'arrestation : « Elle sera traduite à la maison de l'Abbaye pour y être tenue dans le plus grand secret. » Enfin, le garde enjoint Drouet de conduire la criminelle dans une cellule qui donne sur la cour intérieure.

Charlotte est immédiatement saisie par une odeur âcre d'excréments et d'ordures. Les conditions de vie des trois cents prisonniers, le manque d'hygiène, favorisent la prolifération des rats. Les incarcérés couchent dans quelques mètres carrés infestés par la vermine. La jeune fille obtient la faveur d'avoir une cellule pour elle seule.

« ...Un petit cabinet fort maussade, témoigne Mme Roland, par la saleté des murs, l'épaisseur des grilles et le voisinage d'un bûcher que tous les animaux du logis prenaient pour les lieux d'aisance ; mais comme il n'y [avait] qu'un lit, on [avait] l'avantage d'y être seul et on en [faisait] ordinairement les honneurs à l'individu qui désirait cet agrément... Je ne savais pas que bientôt, après Brissot, il serait habité par une héroïne digne d'un siècle meilleur, la célèbre Charlotte Corday. »

L'incarcérée découvre sur sa paillasse un chat qui, dans un mouvement élégant, s'étire en bâillant, saluant ainsi l'arrivée de sa maîtresse d'un soir.

– J'aime mieux avoir tué ce scélérat que d'avoir marché sur ta queue, murmure-t-elle.

La jeune fille s'installe près de l'animal, les jambes repliées, le dos contre le mur. En caressant le flanc du félin, elle recherche inconsciemment un peu de la tendresse et de la douceur qui lui ont toujours fait défaut.

Les premiers rayons de lumière s'insinuent dans la cellule, éclairant les particules de poussière en suspension. Charlotte tourne en rond. Il fait chaud. Sa chemise lui colle à la peau. Un vent léger secoue doucement les feuilles des arbres situés dans la cour, mais sans jamais pénétrer à travers les barreaux. Elle aimerait se changer pour paraître dans une tenue décente, se pencher à la fenêtre ou boire quelques gorgées d'eau fraîche. Elle demande à la concierge, Mme Delavacquerie, un carré de linon, du fil et des aiguilles pour confectionner un bonnet, retoucher sa robe et son fichu. La présence continuelle d'un garde la gêne. Râblé, la mâchoire saillante, le nez retroussé, l'homme la regarde durement. Il ne l'a pas quittée des yeux depuis le lever du jour. Charlotte ne peut se déshabiller, dormir, manger, sans être surveillée. Agacée, elle lâche son ouvrage et se recroqueville sur sa paillasse. Elle ne supporte plus cette présence. Subitement elle se lève et demande à ce qu'on lui apporte papier, plume, encre. Ses juges acceptent, persuadés que la meurtrière dénoncera ses complices. Charlotte devine leurs intentions et sourit en pensant au texte qu'elle s'apprête à rédiger.

« Puisque j'ai encore quelques instants à vivre, commence-t-elle, puis-je espérer, citoyen, que vous me permettrez de me faire peindre. Je voudrais laisser cette marque de mon souvenir à mes amis, d'ailleurs comme on chérit l'image du bon citoyen, la curiosité fait quelquefois rechercher ceux des grands criminels, ce qui sert à perpétuer l'horreur de leur crime ; si vous daignez faire attention à ma demande, je vous prie de m'envoyer demain un peintre en miniature. »

La requête fait, une nouvelle fois, bondir Chabot. L'ancien capucin a bien conscience que Charlotte Corday intéresse déjà des peintres... C'est une pratique courante, à l'époque, d'immortaliser les personnages qui appartiennent à l'histoire par leur vécu ou leurs actions. Mais le fait que la Normande en fasse elle-même la demande, fâche Chabot. Il refuse, dans un premier temps, toute présence extérieure en cellule et renforce la garde.

Durant toute la journée du 15 juillet, Charlotte s'affaire à la rédaction de la très longue lettre qu'elle destine à Barbaroux. Elle lui raconte en détails son voyage, son arrestation, explique la raison de son geste.

« C'était une bête féroce qui allait dévorer le reste de la France par le feu de la guerre civile ! Maintenant, vive la paix ! Grâce à dieu, Marat n'est pas Français... Nous sommes si bons républicains à Paris que l'on ne conçoit pas comment une femme inutile, dont la plus longue vie ne serait bonne à rien, peut se sacrifier de sang-froid pour sauver tout son pays. Je m'attendais bien à mourir dans l'instant... Puisse la paix s'établir aussitôt que je le désire... [J'en] jouis depuis deux jours, le bonheur de mon pays fait le mien. Il n'est point de dévouement dont on ne retire plus de jouissance qu'il n'en coûte à s'y décider. »

La jeune fille n'éprouve aucun remords, aucun scrupule. Cependant, le passage qui suit marque à quel point elle s'inquiète pour les siens.

« Je vous prie, citoyen, vous et vos collègues, de prendre la défense de mes parents et amis, si on les inquiétait... Une imagination vive, un cœur sensible promettaient une vie bien orageuse. Je prie ceux qui me regretteront de le considérer et ils se réjouiront de me voir [prendre] du repos... Il est peu de compatriotes qui sachent mourir pour leur pays... »

Sans doute le visage de Mme de Bretteville, de son père, de ses frères et sœurs s'impose-t-il à sa mémoire. Charlotte a les yeux humides. Le garde ne la lâche pas du regard.

D'une voix solennelle il l'informe que le procès est retardé par les obsèques publiques de Marat. Sortie de sa torpeur, Charlotte tourne la tête vers lui, muette. Elle le regarde, un sourire insolent aux lèvres. Guérie de sa naïveté, elle sait très bien que ce dernier ne recevra pas sa lettre qui sera étudiée de près par Chabot. Alors elle ne résiste pas à l'immense tentation de conclure ainsi : « Je suis on ne peut mieux dans ma prison, les concierges sont les meilleurs gens possibles. On m'a donné des gens d'armes pour me préserver de l'ennui... Je crois que c'est de l'invention de Chabot... qui a l'air d'un fou : il n'y a qu'un capucin qui puisse avoir ces idées... »

Le 16 au matin, à son grand étonnement, Charlotte est transportée à la Conciergerie. Elle traverse une dernière fois la capitale, si charmante en ce mois de juillet. A dix heures, le fiacre entame son dernier virage dans la cour de Mai, s'immobilise sur le côté droit. Un certain Auvray, huissier audiencier auprès du tribunal, lui ordonne de descendre. Charlotte franchit la grande porte d'entrée de la prison puis deux « guichets », c'est-à-dire deux portes de trois pieds et demi de hauteur, soit 90 cm environ, obligeant le prisonnier à se baisser, et rendant la fuite plus difficile...

Une cellule a été préparée dans l'aile réservée aux dames, située à gauche du bureau du Greffe. Mais Charlotte, prise en charge par le concierge Richard, n'a guère le temps de s'installer. L'instruction du procès va commencer. Le tribunal l'attend. Les témoins du crime, toutes les personnes l'ayant approchée depuis son arrivée à Paris, ont été entendus, sans exception : le porteur, le cocher, Mme Grollier et Lauze de Perret, lui aussi incarcéré, sans compter tous ceux qui ont tout simplement échangé un mot avec la Normande. Charlotte a juste le temps d'ajuster sa tenue et d'enfiler son bonnet avant de rejoindre le cabinet du président du tribunal révolutionnaire, un certain Montané. Son bureau est situé dans la Tour d'Argent qui donne sur le quai de l'Horloge. L'accusateur public, le terrible Fouquier-Tinville, Foucault, Roussillon, ainsi que le commis greffier Wolff l'assistent. Charlotte connaît le verdict d'avance.

« Les individus qu'on envoie au Tribunal révolutionnaire ne sont pas des accusés qu'on lui donne à juger, ce sont des victimes qu'il est chargé de faire périr », dira Mme Roland. Un prévenu ne peut saisir, en effet, une cour d'appel, les juges de première instance étant souverains dans leur décision.

Charlotte pénètre dans une entrée sombre, atteint le cabinet de Montané par l'étroit escalier « de la chapelle ». La criminelle est convoquée sans témoins ni public. Nous n'en sommes, en effet, qu'à l'instruction de l'affaire.

Les magistrats l'attendent derrière leur bureau. Fouquier-Tinville dispose sur sa table un dossier épais, ouvre d'un geste sec le socle de son encrier, et ordonne d'une voix timbrée que l'on ferme la porte derrière Charlotte.

La séance commence. Charlotte décline son identité puis répond mécaniquement aux questions qui lui sont posées.

– A quelle époque avez-vous quitté Caen ? [1] Commence Montané.

– Mardi dernier.

– Pour aller où ?

– A Paris.

– De quelle manière êtes-vous arrivée ?

– Par une voiture qui part trois fois par semaine pour la capitale.

– Y étiez-vous seule ?

– Il y avait sept à huit personnes avec moi.

– Les connaissiez-vous ?

– Non.

– Quel jour êtes-vous arrivée à Paris ?

– Jeudi dernier vers midi.

– Où êtes-vous descendue en arrivant ?

– J'ai logé rue des Vieux-Augustins, hôtel de la Providence.

Montané écoute les réponses de l'accusée. D'abord surpris par la rapidité avec laquelle elle réplique, le président du tribunal constate vite qu'elle n'a aucune intention de mentir.

– Qui vous a indiqué l'hôtel ?

– Un homme que je ne connais pas.

1. Pour le confort du lecteur, la formulation des questions a parfois été clarifiée sans pour autant que le sens du texte ait été changé.

– Quel était l'objet de votre voyage ?

– Je ne suis venue que pour tuer Marat.

– Quels sont les motifs qui ont pu vous déterminer dans une action aussi horrible ?

– Tous ses assassinats.

– Que lui reprochez-vous ?

– La désolation de la France, la guerre civile qu'il a allumée dans tout le royaume.

– Sur quoi vous fondez-vous pour avancer cette réponse ?

– Ses crimes passés sont un indice de ses crimes présents. C'est lui le responsable des massacres de septembre, c'est lui qui entretient le feu de la guerre civile pour se faire dictateur ou autre chose, et c'est encore lui qui a attenté à la souveraineté du peuple en faisant arrêter et enfermer les députés à la Convention le 31 mai dernier.

– Quelle preuve avez-vous que Marat en est l'auteur ?

– Il avait un masque sur sa figure.

– Qu'avez-vous fait ensuite ?

– J'ai été à l'instant de mon arrivée chez le citoyen Duperret, député de la Convention, afin de porter un paquet de la part de Barbaroux.

– Avez-vous trouvé le député ?

– Non, il n'était pas chez lui.

– Avez-vous laissé le paquet ?

– Oui, à ses filles.

– Qui vous y a amenée ?

– J'y suis allée seule et à pied.

– Vous y êtes-vous rendue plusieurs fois dans le même jour ?

– J'y suis retournée quatre heures après. J'ai alors trouvé le citoyen Duperret qui dînait.

– Quel fut le sujet de votre entretien ?

– Je l'ai engagé à m'accompagner chez le ministre de l'Intérieur pour y retirer des papiers que j'avais envoyés depuis six mois et que je demandais depuis huit jours.

– Y a-t-il eu entre vous et ledit Duperret quelque autre entretien ?

– Non.

– Qu'avez-vous fait à Paris le deuxième jour de votre arrivée ?

– Je suis allée chez le ministre avec Duperret le matin.

Cet interrogatoire qui a pour but d'étayer le dossier, de découvrir les complices, ne se déroule pas du tout comme Montané l'avait imaginé. Charlotte répond clairement, précisément, sans l'ombre d'une hésitation. Elle se tient droite. Aucun signe de nervosité ne transparaît. Elle oppose à ses interlocuteurs un visage fermé, méprisant. Montané a besoin d'informations plus intéressantes pour le procès et tente de glisser quelques questions dangereuses.

– Quelle était la nature des documents apportés chez Duperret ?

– Ils appartenaient à Mlle de Forbin, chanoinesse. Le district de Caen refusait de lui payer son traitement...

– Qu'avez-vous fait l'après-midi ?

– J'ai écrit une *Adresse aux Français* et je me suis reposée.

– Et le troisième jour ?

– Je me suis promenée seule dans la matinée au Palais Royal.

– Y avez-vous acheté quelque chose?

– Oui.

– Quoi?

– Un journal et un couteau de table à gaine, à manche noir, de grandeur ordinaire, pour quarante sols.

– Pour quel motif avez-vous acheté cette arme?

– Pour tuer Marat.

– Qu'avez-vous fait le restant de la journée?

– Vers onze heures ou onze heures et demie, je me suis rendue chez Marat en fiacre.

– Et?

– J'ai demandé à lui parler.

– Avez-vous réussi?

– Non. Deux ou trois femmes m'ont refusé l'accès. J'ai insisté, en vain. J'ai dû m'en retourner à l'hôtel, vers midi.

– Ensuite?

– J'ai écrit à l'instant à Marat.

– Que disiez-vous dans votre lettre?

– J'ai cherché à lui faire croire que j'avais à lui communiquer des choses intéressantes sur le Calvados.

– N'êtes-vous pas allée à la Convention Nationale?

– Je ne suis pas sortie. Je ne suis pas allée à la Convention Nationale. J'ignore même où elle est située. Je suis retournée chez Marat vers sept heures du soir.

– L'avez-vous trouvé?

– Oui.

– Qui vous a introduite?

– Les mêmes femmes qui m'avaient refusé l'entrée le matin.

– Quelle a été votre conversation en entrant?

– Il m'a demandé quels étaient les troubles à Caen. Je lui ai répondu que dix-huit députés de la Convention d'accord avec le département y régnaient, que tout le monde s'enrôle pour délivrer Paris des anarchistes, que quatre membres du département avaient conduit une partie des armées à Evreux. Il écrivit les noms des députés qui sont à Caen et des quatre administrateurs du département du Calvados.

– Ajouta-t-il quelque chose ?

– Qu'il les ferait guillotiner à Paris.

– Quelle fut la suite de la conversation ?

– Ce fut le dernier mot. A cet instant, je l'ai tué.

– De quelle manière ?

– Je lui ai plongé dans le sein le couteau acheté au Palais-Royal.

– En lui portant le coup, croyiez-vous le tuer ?

– J'en avais bien l'intention.

– Une action aussi atroce n'a pu être commise par une femme de votre âge sans avoir été excitée par quelqu'un.

– Je n'avais dévoilé mon projet à personne, je n'ai pas cru tuer un homme mais une bête féroce qui dévorait tous les Français.

– D'où déduisez-vous que Marat était une bête féroce ?

– Tous les troubles qu'il a créés, les massacres dont il est l'auteur ne sont-ils pas des preuves suffisantes ? Dernièrement à Caen, il faisait accaparer le numéraire [1].

– Comment savez-vous que Marat accaparait le numéraire ?

---

1. Expression signifiant : amasser de l'argent de façon illicite.

– Je ne peux en donner la preuve. Mais un homme a été arrêté avec une grosse somme sur lui.

Montané a bien du mal à trouver matière à scandale. Demain, il lira le procès-verbal aux jurés, mais surtout au peuple de Paris. Il lui faudra maintenir un certain suspense, susciter l'intérêt du public qui veut voir et entendre la meurtrière de Marat. Les curieux défileront dans la salle pour que tous puissent apercevoir l'accusée. Le tribunal devra les satisfaire. Montané cherche donc à grossir les charges contre Charlotte pour assurer le spectacle. Or, elle avoue tout, avec un sens de l'à-propos remarquable qui déstabilise même le terrible Fouquier-Tinville

– Et après l'assassinat ? continue Montané.
– Je fus arrêtée en sortant de la chambre où je l'avais commis et interrogée dans le salon d'à côté. J'en suis sortie vers minuit pour être conduite à l'Abbaye.
– Quel était l'état du mari de la citoyenne chez qui vous demeuriez à Caen ?
– Il était trésorier de France.
– Avait-elle des enfants ?
– Aucun.
– C'est elle qui vous a élevée ?
– Non. Il n'y a que deux ans que je suis chez elle.
– Une citoyenne bien née n'a pas l'habitude de voyager seule surtout à votre âge. Votre parente n'a pas pu vous laisser partir pour Paris sans en savoir le motif !
– J'ai fait croire que j'allais passer quelques jours chez mon père à Argentan avec une de mes amies. C'est de cette manière que je suis partie de Caen mardi dernier.

– Avez-vous indiqué le nom de votre amie à votre parente ?

– Non. Je ne lui ai pas donné le temps de la réflexion.

– Etiez-vous seule à prendre la voiture ?

– Oui.

– Cela a dû paraître étonnant pour beaucoup, notamment pour le directeur ?

– Non. Je m'occupe peu de ce qu'on pense de moi.

– Avez-vous retenu votre place avant de l'acheter ?

– Oui, la veille et sous mon vrai nom.

– Qui vous a donné l'argent dont vous vous êtes trouvée nantie lors de votre arrestation ?

– Mon père me fournissait de l'argent quand j'en voulais.

– Quel moyen avez-vous employé pour vous procurer votre passeport ?

– Je l'avais pris au mois d'avril dernier, d'abord pour me rendre chez mes parents à Argentan. Ensuite, je le fis viser pour Paris.

– A quelle époque ?

– Le même mois ou au tout début du mois de mai.

– Quand avez-vous fait la connaissance de Barbaroux et des autres collègues députés ?

– Quand j'ai voulu régler l'affaire d'Alexandrine de Forbin.

– Comment et où vous avez connu les autres députés ?

– Quand tous logeaient à l'Intendance. J'ai vu trois fois Barbaroux et les autres en même temps.

– Sur quoi portait la conversation ?

– Sur l'ardeur des habitants de Caen à s'enrôler contre les anarchistes de Paris.

– Qu'entendez-vous par le mot anarchiste.

– Ceux qui cherchent à détruire toutes les lois pour établir leur autorité.

– Ces députés tiennent-ils une séance publique?

– Je n'en sais rien. Plusieurs d'entre eux font circuler des adresses, des proclamations et même des chansons dont le but est de rappeler le peuple à l'unité de la République.

– Avez-vous lu quelques-uns de ces papiers?

– Oui. Je les ai brûlés avant mon départ pour Paris dans la crainte qu'on en trouve sur moi durant mon voyage.

– Vous saviez donc qu'ils contenaient des mauvais principes contraires à l'ordre public?

– Oui en effet.

– Les auteurs n'encourageaient-ils pas à assassiner Marat, Robespierre, Danton et les autres députés de la Montagne défenseurs des droits du Peuple et ne les qualifiaient-ils pas d'anarchistes?

– Ces articles n'ont jamais répandu de tels principes.

– Mais enfin Madame, une personne de votre sexe et de votre âge ne peut pas être déterminée à faire un voyage à Paris pour y assassiner un homme qu'elle ne connaît pas!

– Je n'avais pas besoin de le connaître pour l'assassiner. Ses crimes parlaient pour lui.

– Quels journaux lisiez-vous depuis la révolution?

– J'ai lu plus de cinq cents brochures pour et contre la révolution, dans tous les genres.

– Connaissez-vous l'évêque du département du Calvados?

– Il n'est jamais venu chez Mme de Bretteville. Je ne lui ai jamais parlé, je n'avais pas assez d'estime pour cela.

– Avez-vous eu connaissance du paquet remis de la part de Barbaroux à Duperret ?

– Il a été remis cacheté. J'ignore ce qu'il contenait, sinon qu'il y avait une lettre relative à Alexandrine de Forbin.

– Combien de temps êtes-vous restée la deuxième fois chez Duperret ?

– Deux ou trois minutes.

– N'êtes-vous pas allée à la Convention le même soir ?

– Je vous le répète, Monsieur, je n'en ai jamais eu la pensée.

– Vous ne nous dites pas la vérité car plusieurs indices portent à croire que vous avez été le soir même dans une tribune de la Convention. Vous avez été rejointe par deux particuliers. Votre conversation s'est portée sur le compte de Marat et en sortant des tribunes il était même question pour vous d'aller chez le ministre de l'Intérieur.

– Informez-vous à mon hôtel.

Le calme dont elle fait preuve séduit Montané. Avec un prisonnier ordinaire, il aurait vociféré les pires injures. Elle est venue là pour dire la vérité. Qui oserait affirmer le contraire ? Derrière Charlotte, Fouquier-Tinville laisse courir ses doigts tachés sur le papier, relève la tête et dirige son regard vers le président du Tribunal. D'un geste ample, Montané se ressaisit.

– Depuis votre arrivée à Paris, n'avez-vous point écrit ou fait écrire différentes lettres à Caen ?

– Pas une.

– Il paraît cependant que quelqu'un vous a rendu visite plusieurs fois, a rédigé trois courriers pour vous, lesquels même ont été vus sur votre lit.

– Je n'ai jamais fait écrire de missives par quiconque.

– Qui est venu vous voir depuis que vous logez à l'hôtel de la Providence ?

– Personne que le citoyen Duperret. Il est venu deux fois chez moi. La première pour se rendre chez le ministre de l'Intérieur, et la seconde pour me conseiller d'abandonner. D'ailleurs, je n'avais pas de procuration pour retirer ces papiers, et j'ajoute que Duperret m'a priée de remettre une lettre à Barbaroux lorsque je retournerais à Caen. J'avais alors répondu que je ne savais pas si je ferais le trajet retour de si tôt...

– Il paraît que Duperret est allé chez vous cinq fois !

– Eh bien... C'est faux.

– A quelle boutique avez-vous acheté le couteau. Est-ce un homme ou une femme qui vous l'a vendu ?

– C'est un homme. J'ignore cependant dans quelle boutique, ni de quel côté, ne l'ayant acheté qu'après avoir fait dix fois le tour du Palais-Royal.

– Qui vous a donné l'adresse de Marat ?

– Un fiacre m'a conduite.

– Dans vos précédentes réponses, vous avez dit que vous y aviez été à pied.

– A pied chez Duperret !

– Il y avait une adresse écrite au crayon trouvée sur vous lors de votre arrestation.

– C'était l'adresse de Marat qui m'avait été communiquée par le cocher.

– Comment vous êtes-vous déterminée à aller pour la première fois chez Marat à onze heures alors qu'en tant que député, il devait être à la Convention.

– La gérante de l'hôtel m'avait informée qu'il ne sortait plus de chez lui.

– N'était-ce pas Duperret qui vous a appris que Marat n'allait plus à la Convention ?

– Non.

– Vous ne voulez pas nous indiquer, Madame, vos complices, et notamment Barbaroux, Duperret et autres connus publiquement comme les ennemis de Marat.

– C'est mal connaître le cœur humain, il est plus facile d'exécuter un tel projet d'après sa propre haine que d'après celle des autres.

Cet interrogatoire devient totalement absurde aux yeux de Montané. Le président du Tribunal révolutionnaire pose ses dernières questions. Avant de la laisser repartir dans sa cellule, dévoré par la curiosité, il essaie d'en savoir plus sur le passé de la jeune Normande.

– N'avez-vous point été chanoinesse ou dans un couvent ?

– Je n'ai jamais été chanoinesse ni religieuse mais j'ai été quelques années pensionnaire à l'abbaye de la Sainte-Trinité de Caen.

– Avez-vous des frères et sœurs ?

– Oui.

– Où sont-ils ?

– Ma sœur est à Argentan avec mon père. J'ignore où sont mes frères, je ne les ai pas vus depuis environ un an.

– Quel était leur état ?

– L'un était officier au régiment de Normandie et de l'autre, je ne sais rien.

– Avez-vous été mariée ?

– Jamais.

– N'avez-vous point écrit une lettre aujourd'hui ?

– J'en ai commencé une qui n'est point encore achevée. Je l'ai dans ma poche.

– A qui s'adresse-t-elle ?

– A Barbaroux.

– Avez-vous eu quelques conversations avec lui ?

– Je n'en ai eu aucune autre que celle relative à l'affaire de la dame Forbin.

– Barbaroux connaissait-il le motif de votre voyage ?

– Non. Pour sûr.

– Ne vous a-t-on pas persuadée qu'aussitôt après l'assassinat de Marat, vous seriez massacrée ?

– Personne n'a réussi à m'en persuader, je le croyais moi-même. C'est d'ailleurs pour cette raison que j'ai écrit l'*Adresse aux Français* avant le crime.

– Désirez-vous un conseil [1] ?

– Je nomme pour mon défenseur le citoyen Doulcet, député de Caen à la Convention. Je n'en connais point d'autre.

Charlotte se lève, la démarche assurée et le cœur léger. Autour d'elle les hommes discutent, en baissant

1. C'est-à-dire un avocat.

la tête, haineux, le regard de côté. Elle n'a plus qu'à attendre le procès, les plaidoiries et le verdict qui ne fait aucun doute.

M. et Mme Richard, les concierges, l'accueillent avec bienveillance. Ces visages rassurants, éclairés par la lumière tamisée d'une bougie, ont sur Charlotte un effet apaisant. La jeune fille sera en effet jugée le lendemain à huit heures et très certainement exécutée quelques minutes plus tard. Elle se doit donc de terminer rapidement la lettre à Barbaroux avant de rédiger un mot d'adieu à son père.

Mais il faut d'abord avaler le contenu de l'assiette mitonnée par Mme Richard dont la délicatesse, appréciée de bien des prisonniers, n'a d'égale que la bonne humeur permanente. La concierge a préparé quelques morceaux de viande ainsi qu'une cuillerée de légumes, denrées rares dans le milieu carcéral. Charlotte ne s'est plus restaurée correctement depuis quatre jours maintenant. Revigorée, elle reprend immédiatement son travail et commence par Barbaroux.

« Si quelques amis demandaient communication de cette lettre, je vous prie de ne la refuser à personne... »

Elle n'ignore pas que ses écrits seront gardés, étudiés, retranscrits, elle en autorise la divulgation.

« Il faut un défenseur, c'est la règle, j'ai pris le mien, c'est Gustave Doulcet. J'ai pensé demander Robespierre ou Chabot. »

Une fois encore, l'humour froid de Charlotte atteint son but. Quoi de plus provocant que de désirer, quand tout paraît perdu, ses propres ennemis comme avocats ?

« Je demanderai à disposer du reste de mon argent et je l'offre aux femmes et aux enfants des braves habitants de Caen partis pour délivrer Paris...

« ... C'est demain à huit heures qu'on me juge... Au reste, j'ignore comment se passeront les derniers moments et c'est la fin qui couronne l'œuvre. Je n'ai pas besoin d'affecter d'insensibilité sur mon sort car jusqu'à cet instant, je n'ai pas la moindre crainte de la mort. Je n'estimais la vie que par l'utilité dont elle devait être.

« Les prisonniers de la Conciergerie, loin de m'injurier comme ceux des rues, avaient l'air de me plaindre, le malheur rend toujours compatissant, c'est ma dernière réflexion.

« Au citoyen Barbaroux, député de la Convention
Nationale, réfugié à Caen, rue des Carmes,
hôtel de l'Intendance.
Corday. »

Dehors, les hommages à Marat se multiplient. « L'homme extraordinaire... n'est plus. Ses amis désolés versent sur son tombeau des larmes impuissantes. L'Hercule à qui la liberté avait confié sa défense, notre vigilante sentinelle, hélas, nous l'avons perdu pour toujours », écrit un canonnier de Paris.

Pendant que le peuple pleure la disparition de son idole, Charlotte écrit à son père. On pourrait s'en étonner ! Mais elle désire surtout, par cette dernière missive, disculper Jean-François de collusion avec sa fille.

« Pardonnez-moi, mon cher papa, d'avoir disposé de mon existence sans votre permission. J'ai vengé bien d'innocentes victimes, j'ai prévenu bien d'autres désastres. Le peuple un jour désabusé se réjouira d'être délivré d'un tyran... J'espère que vous ne serez point tourmenté. En tout cas, je crois que vous aurez des défenseurs à Caen, j'ai pris Gustave Doulcet, un tel attentat ne permet nulle défense. C'est pour la forme.

« Adieu, mon cher papa, je vous prie de m'oublier ou plutôt de vous réjouir de mon sort. La cause est belle. J'embrasse ma sœur que j'aime de tout mon cœur ainsi que mes parents.

« N'oubliez pas ce vers de Corneille.

« Le crime fait la honte et non l'échafaud.

« C'est demain qu'on me juge.

« Ce 16 juillet. Corday. »

Charlotte prépare ses effets pour le Tribunal et prévient Mme Richard de son retour pour midi. La concierge lui apprend que Marat sera inhumé publiquement cette nuit, car le cortège funèbre qui s'est ébranlé à cinq heures du soir vers le jardin des Cordeliers ne cesse de s'arrêter pour recueillir les multiples hommages de la population amassée. « Le corps sur un lit de parade porté par des hommes. La baignoire suivait, portée par des femmes », note le journaliste du *Thermomètre du jour*. L'équipée passe la rue de Thionville, le Pont-Neuf, le Quai de la Ferraille, le Pont au Change, la Place du Théâtre Français. Le cercueil du révolutionnaire atteint sa destination à minuit [1]. Thuriot, président de la Convention, fait un discours de plus d'une heure. L'enterrement de Marat aura coûté à la Nation cinq mille six cent huit livres, deux sols et huit deniers soit environ vingt-neuf mille cent dix euros, sépulture comprise.

A cette heure, Charlotte dort paisiblement. Aucune salve, aucun cri ne parviennent à ses oreilles. Ni l'allégresse de savoir la « bête féroce » six pieds sous terre, ni la douleur morale de tout un peuple ne la perturbent. Elle s'endort sans l'ombre d'une difficulté.

Eveillée comme à l'accoutumée vers les six heures, Charlotte récite son *Ave Maria* en latin et se signe avant de commencer sa journée par un copieux petit déjeuner servi par Mme Richard. La concierge a pensé, assez justement d'ailleurs, que ce repas serait le dernier de la prisonnière. Devant cet élan de générosité, la jeune fille, confuse, remercie chaleureusement sa bienfaitrice. M. Richard les rejoint. Son visage touche le cœur de Charlotte par sa gentillesse et sa simplicité. Vers sept heures et demie, on vient chercher l'accusée pour la présenter devant le jury

– M. Richard, ayez soin je vous prie, que mon déjeuner soit préparé lorsque je descendrai de là-haut. Ces messieurs doivent être pressés d'en finir.

On la conduit rapidement au Tribunal révolutionnaire, dans la Grand-Chambre du Parlement où se déroulaient jadis les lits de justice [2]. Aujourd'hui, cette immense pièce jouxte la salle des Pas-Perdus et le

1. Marat rejoindra le Panthéon quelques jours plus tard à la place de Mirabeau qui sera jeté dans la fosse commune. Quand la population se sera aperçue de son erreur, l'Ami du Peuple quittera lui aussi le Temple des Dieux.

2. Séance solennelle du parlement, présidée par le Roi.

bureau de Montané où Charlotte a été interrogée la veille. Elle est conduite par quatre gens d'armes et par un huissier audiencier.

Derrière l'imposante porte d'entrée, la jeune fille perçoit le brouhaha d'une salle comble. Charlotte est introduite. Pour un procès de cette envergure, quelques dizaines de privilégiés ou d'habitués ont pu pénétrer dans la salle. Des centaines de curieux attendent dehors. Les juges font leur entrée. Le public se tait. Charlotte reconnaît tous les magistrats de la veille sur une sorte d'estrade et découvre le visage des douze jurés qui décideront de son sort, sur la droite. Les greffiers ont pris place à gauche. Les regards de tous ces hommes figés sur leur banc convergent vers elle. Elle entend soudain les commentaires sourds de l'assistance qui se transforment peu à peu en cris et sifflements.

– Silence, lance Montané. Accusée, déclinez votre identité et prenez place.

La jeune fille s'exécute, s'assoit au centre de la pièce sur une sellette en fer qui lui permet d'être vue de tous. Elle tente de respirer avec calme.

« Cette salle ressemble à une ruelle, explique un contemporain. Il s'y vend de tout, on y lâche de l'eau [1], l'on y fait des indécences de toute espèce et la majeure partie de ceux qui y passent la journée est composée d'oisifs, de filles publiques et quelquefois même d'individus sans asile qui y passent la nuit. »

Montané, de noir vêtu, la cocarde tricolore sur le chapeau, donne la parole à Fouquier-Tinville pour la lecture de l'acte d'accusation. Les témoins, Mme Grollier, Lauze de Perret et les autres, sont ensuite enten-

1. Jeter de l'eau : uriner.

dus, après avoir prêté serment de « ne connaître l'accusée que du jour de l'assassinat de Marat, ne pas être son parent, son allié, serviteur ou son domestique... ». Toutes les dépositions concordent sauf celle de Feuillard, le garçon de l'hôtel, qui déclare avoir vu Lauze de Perret le samedi 13 après-midi, le confondant avec le perruquier.

Après le défilé des témoins, Montané entame l'ultime interrogatoire de rigueur, synthèse de l'entretien de la veille :

– Qui vous a engagée à commettre cet assassinat?

– Les crimes de Marat.

– Qu'entendez-vous par ses crimes?

– Les malheurs dont il a été la cause depuis la révolution.

– Quels sont ceux qui vous ont engagée à commettre cet assassinat?

– Personne, c'est moi seule qui en ai conçu l'idée.

Le président du Tribunal insiste de nouveau sur les réfugiés de Caen, sur l'éventuelle présence de Charlotte à la Convention Nationale, sur la détention d'un passeport pour Paris. Vers la fin de l'interrogatoire cependant, les questions deviennent plus précises.

– C'est dans les journaux que vous lisiez que vous avez appris que Marat était un anarchiste!

– Oui, je savais qu'il pervertissait la France. J'ai tué un homme pour en sauver cent mille... J'étais républicaine bien avant la révolution et je n'ai jamais manqué d'énergie.

– Qu'entendez-vous par énergie?

– Ceux qui mettent l'intérêt particulier de côté, et savent se sacrifier pour leur patrie! (sic!)

– Ne vous êtes-vous pas essayée d'avance, avant de porter le coup à Marat?

– Oh! Le monstre, il me prend pour un assassin!

– Il est cependant prouvé par le rapport des gens de l'Art que si vous aviez porté le coup de cette manière – c'est-à-dire en long – vous ne l'auriez pas tué.

– J'ai frappé comme cela s'est trouvé. C'est un hasard.

– Quelles sont les personnes qui vous ont conseillé de commettre cet assassinat?

– Je n'aurais pas commis un pareil attentat par le conseil des autres, c'est moi seule qui ai conçu le projet et qui l'ai exécuté.

– Mais comment pensez-vous faire croire que vous n'avez point été conseillée lorsque vous dites que vous regardiez Marat comme la cause de tous les maux qui désolent la France, lui qui n'a cessé de démasquer les traîtres et les conspirateurs?

– Il n'y a qu'à Paris qu'on a les yeux fascinés sur Marat. Dans les autres départements, on le regarde comme un monstre.

– Comment avez-vous pu regarder Marat comme un monstre, lui qui ne vous a laissée entrer chez lui que par un acte d'humanité, parce que vous lui aviez écrit que vous étiez persécutée?

– Que m'importe qu'il se montre humain envers moi, si c'est un monstre envers les autres?

– Croyez-vous avoir tué tous les Marat?

– Celui-ci mort, les autres auront peur, peut-être.

Il y a dans ce « peut-être » une once de doute, comme si, pour la première fois, Charlotte prenait conscience que son geste ne va pas régler tous les problèmes de la France. Sur le côté, les membres du Jury, stoïques, fixent intensément l'accusée. Ils suivent à peine les débats, s'attardent passivement sur les détails de l'affaire. Voter une autre sentence que la mort les enverrait eux-mêmes directement à la guillotine.

Charlotte remet à Fouquier-Tinville les lettres destinées à Barbaroux et à son père. L'accusateur Public les lit à haute voix à toute l'assemblée. La jeune fille ne l'avait-elle pas prévu ? Sans inquiétude ni remords, elle écoute les réactions de la salle.

Montané donne ensuite la parole à Fouquier-Tinville qui réclame, avec véhémence, la peine suprême. Son visage exprime la haine. Charlotte ne lui jette pas un regard, marquant ainsi son dédain.

Enfin, le président du Tribunal Révolutionnaire, d'un geste ample, se retourne vers la défense. Mais Doulcet de Pontécoulant, alors en danger comme tous les Girondins, a pris la fuite. Il regrettera toute sa vie de n'avoir pu soutenir sa tendre amie. C'est Chauveau-Lagarde qui le remplace.

Grand, glabre, les yeux en amandes, le célèbre avocat [1] commis d'office a étudié le dossier à la dernière minute et n'a pas fait preuve cette fois-ci de son génie habituel.

« L'accusée avoue avec sang-froid l'horrible attentat qu'elle a commis ; elle avoue avec sang-froid la longue

---

1. Claude Chauveau-Lagarde (1756-1841) a défendu, entre autres, Brissot, Marie-Antoinette, Madame Elisabeth devant le tribunal révolutionnaire.

préméditation ; elle avoue les circonstances les plus affreuses ; en un mot, elle avoue tout et ne cherche même pas à se justifier. Ce calme imperturbable et cette dernière abnégation de soi-même qui n'annoncent aucun remords... ne peuvent s'expliquer que par l'exaltation du fanatisme politique, qui lui a mis le poignard dans la main. Et c'est à vous, citoyens jurés, à juger de quel poids doit être cette considération morale dans la balance de la justice, je m'en rapporte à votre prudence. »

En d'autres termes, Chauveau-Lagarde la fait passer pour folle. Une plaidoirie qui ne dépasse pas une minute, construite autour d'une succession de négations et de terribles constats, une défense peu convaincante qui envoie plus vite encore l'accusée à l'échafaud. Pas un mot sur son enfance, sur les difficultés rencontrées, sur son amour de la République. Rien ! L'avocat avait pourtant matière à émouvoir le jury. L'évocation d'une jeune femme sacrifiant sa vie pour défendre sa cause, avait une chance d'attendrir le cœur d'un père de famille ou d'un jeune homme sensible à sa fraîcheur.

La parole est désormais à Montané qui s'adresse aux jurés.

– Premièrement. Est-il constant que le treize du présent mois de juillet entre sept heures et huit heures du soir, Jean-Paul Marat, député à la Convention Nationale, ait été assassiné chez lui dans un bain, d'un coup de couteau dans le sein, duquel coup il soit décédé à l'instant ?

– Deuxièmement. Marie-Anne Charlotte Corday, ci-devant Dormant (sic), âgée de vingt-cinq ans, fille de

Jacques François Corday, ci-devant Dormant, ex-noble, elle habitante de Caen, département du Calvados, est-elle auteur de cet assassinat ?

– Troisièmement. L'a-t-elle fait avec des intentions criminelles et préméditées ?

Fouquier-Tinville, interdit, regarde Montané sur son piédestal. Le président du Tribunal a en effet modifié « de sa propre autorité » la dernière phrase de la troisième question en supprimant le terme « contre-révolutionnaire », expression qui envoyait sans appel Charlotte à la guillotine. Pourquoi lui a-t-il accordé cette chance ? L'Accusateur Public comprend alors que Montané subit le charme de la jeune fille. Le jury a désormais le pouvoir de décréter l'emprisonnement à vie pour démence, à la Salpêtrière. Douze jours plus tard, sur recommandation de l'accusateur public, Montané sera arrêté et jeté en prison pour « avoir tendu une planche de salut » à Charlotte Corday.

Le jury se retire pour délibérer trois minutes, laps de temps suffisant à Charlotte pour se retourner vers son avocat : « Monsieur, je vous remercie du courage avec lequel vous m'avez défendue d'une manière digne de vous et moi. Ces messieurs me confisquent mon bien. Pour vous témoigner mon estime, ma confiance et ma reconnaissance, je vous charge d'acquitter pour moi ce que je dois aux gardiens de la prison. »

Pure formule de politesse de la part d'une jeune fille certaine de la sentence. Une porte grince sur les douze jurés. Un silence pesant paralyse le public. Charlotte s'immobilise.

Les révolutionnaires, qui ont le sens du spectacle, mettent en scène la sanction réservée à l'accusé. Trente-six fois, on entend des juges le mot « coupable », douze fois celui de « mort ». Mais personne n'imagine qu'au moment de sa condamnation, Charlotte, la meurtrière, devient martyre de la révolution pour la postérité.

CHAPITRE VII

Un modèle de courage

Son exécution étant programmée pour la fin de l'après-midi, Charlotte retourne en prison, le temps de se préparer pour l'éternité. Parvenue à la Conciergerie, elle se dirige en hâte vers M. et Mme Richard qui ne l'attendaient plus.

– J'avais espéré que nous déjeunerions ensemble, s'exclame-t-elle, mais les juges m'ont retenue là-haut si longtemps qu'il faut m'excuser de vous avoir manqué la parole (sic !).

Le cœur lourd, la concierge lui apporte une collation et quitte la pièce pour céder sa place à l'abbé Lothringer.

Presque chauve, de taille moyenne, ce prêtre « jureur » affiche un sourire forcé en la circonstance. Charlotte le toise. Avant même qu'il ne lui adresse la parole, elle lui lance froidement :

– Remerciez les personnes qui vous envoient, mais je n'ai pas besoin de votre ministère. Vous ne pourriez d'ailleurs m'absoudre au nom du Christ que vous avez renié...

Charlotte ajoute l'affront au mépris. L'abbé Lothringer n'insiste pas.

Presque immédiatement, Jean-Jacques Häuer, peintre allemand et élève de David, se présente à la porte de sa cellule. Charlotte le reconnaît, il avait installé son chevalet et ses pinceaux dans la salle d'audience tout à l'heure.

– Monsieur, il ne me reste plus que quelques instants à vivre ; j'ai vu que vous désiriez faire mon portrait, j'ai demandé et obtenu que vous l'acheviez avant ma mort.

Le visage du peintre s'éclaire d'une sorte de joie et de gratitude mêlées.

Flattée que l'on s'intéresse ainsi à son image, Charlotte se recoiffe, ajuste sa robe et s'installe confortablement sur sa chaise. Haüer scrute le visage ovale et le reproduit avec un souci du détail remarquable.

« Pendant toute la séance, elle parla de choses indifférentes, écrira quelques années plus tard la belle-fille du peintre. Puis elle parla aussi de son action et s'applaudit d'avoir délivré la France d'un monstre comme Marat. De temps à autre, elle venait jeter un coup d'œil sur la toile et donnait quelque indication pour rectifier tel détail de sa physionomie qu'il convenait à son avis d'atténuer ou d'accentuer. Pendant tout ce temps, elle montra tant de tranquillité et de liberté d'esprit que les assistants, Haüer et le [garde] semblaient avoir oublié les tristes apprêts qui se faisaient. »

Leur surprise est intense, en effet. Comment une jeune femme arrive-t-elle ainsi à se détacher de la crainte de la guillotine ?

Soudain une clef grince dans la serrure. M. Richard introduit un dénommé Monet et un homme grand, austère et squelettique. C'est Samson, le bourreau, qu'elle dévisage avec condescendance.

– Quoi, déjà ! s'écrie Charlotte.

Elle se lève, se dirige vers la table et, pendant qu'on lui relit la sentence, griffonne sur un morceau de papier chiffonné quelques mots, plie la missive en quatre et la tend à Monet :

– Voici pour le citoyen Doulcet de Pontécoulant.

« [Il] est un lâche d'avoir refusé de me défendre lorsque la chose était si facile, celui qui l'a fait s'en est acquitté avec toute la dignité possible, je lui en conserve ma reconnaissance jusqu'au dernier moment. »

Ce billet est injuste. Le pauvre Doulcet de Pontécoulant ne savait pas qu'il avait été mandaté par Charlotte pour la représenter. Il ignorait même jusqu'à l'assassinat de Marat.

« Si j'avais su que Mlle Corday m'avait chargé de la défendre devant le Tribunal révolutionnaire, j'y serais allé... J'ai toujours regretté de ne pas avoir su le choix dont j'avais été l'objet, et je le regrette encore aujourd'hui. »

On commence alors la toilette. Charlotte doit se déshabiller et revêtir la chemise rouge apportée par Samson. Puis le bourreau approche les ciseaux pour couper les cheveux qui pourraient éventuellement bloquer la lame de la guillotine. D'un geste rapide, la jeune fille les lui arrache des mains et taille elle-même une boucle épaisse. Elle redresse le cou et fixe Haüer droit dans les yeux :

– Monsieur, je vous remercie de ce que vous venez de faire pour moi. Je ne puis vous offrir, pour vous prouver ma reconnaissance, que cette mèche. Acceptez-la en souvenir d'une mourante et permettez-moi de vous demander de faire copie de ce portrait pour ma famille et de la lui envoyer.

Puis, se tournant vers Samson :

– Le reste est pour vous, Monsieur.

Elle supporte l'épreuve sans manifester le moindre sentiment. Plus rien ne la retient dans ce monde. Elle enfile son bonnet. Samson vendra les belles boucles châtain clair à prix d'or.

Le bourreau s'avance maintenant avec la corde. En effet, la condamnée part au supplice les mains liées. C'est la règle. Cette comédie l'irrite. Elle émet cependant une requête : est-il possible de ne pas lui serrer les poignets comme lors de son arrestation ?

– Ceux qui vous ont ainsi blessée sont des maladroits, moi je ne vous ferai pas de mal, rétorque Samson.

– Evidemment, ironise Charlotte, ils n'avaient pas votre habitude.

Le bourreau achève son travail.

– Voilà, conclut-elle, la toilette de la mort faite par des mains un peu rudes, mais elle conduit à l'immortalité.

« Depuis le chevalier de la Barre, écrira Samson dans ses souvenirs, je n'avais pas rencontré tant de courage pour mourir. »

Conduite fermement vers la sortie, la jeune fille a tout juste le temps de saluer les concierges, M. et Mme Richard, tous deux consternés par le départ de la prisonnière. Dehors, la charrette l'attend. La foule aussi. La voiture s'ébranle. Charlotte devient l'actrice principale d'un spectacle qui va durer une heure et demie. Une heure et demie d'un voyage effroyable.

Le peuple qui vient d'enterrer Marat la veille, en pleine nuit, a soif de vengeance. Il s'est agglutiné un peu partout sur le passage du cortège : aux fenêtres, dans les ruelles, sur les arbres. On guette l'arrivée de la condamnée en retenant son souffle.

Enfin... La voilà ! Une explosion de joie revancharde éclate. La masse hurlante danse autour du cortège tandis que Charlotte, droite et digne, demeure totalement imperturbable.

La voiture longe maintenant le quai de la Mégisserie. Il est plus de six heures et le ciel s'assombrit. De quelque côté qu'elle se tourne, Charlotte ne voit que des visages haineux, des masques grimaçants qui n'ont plus rien d'humain.

– Défoncez-lui le crâne ! lance un homme.

– Oui, oui, qu'on en finisse ! ajoute sa compagne.

– Achevez-la !

– Trouez-lui le ventre !

Quelques coups de feu retentissent parfois pour appuyer ces cris de haine. Mais Charlotte fixe l'horizon et brave héroïquement la colère du peuple. L'odeur de la poudre des fusils, rabattue par le vent, pénètre ses narines. Un crachat atterrit à la pointe de ses pieds.

– Sale putain !

– Et tes complices, où sont-ils ?

Une violente averse s'abat bientôt sur la foule. Dans l'assistance, un certain Adam Lux la fixe avec intérêt. Délégué de la ville de Mayence, il est de passage dans la capitale pour « demander l'union de la République ».

Girondin convaincu, il a toujours dénoncé avec passion les excès des Montagnards. Charlotte va devenir son égérie. La dignité de la Normande l'émeut aux larmes. « Je croyais à son courage, mais quel fut mon étonnement lorsque je vis cette douceur inaltérable parmi les hurlements barbares, ce regard pénétrant, ces vives et humides étincelles jaillissant de ces beaux yeux où parlait une âme tendre autant qu'intrépide... Yeux charmants qui auraient dû émouvoir des rochers. Depuis son départ jusqu'à son arrivée à l'échafaud, elle garda la même douceur inexprimable ; sur sa charrette, n'ayant ni appui ni consolation, elle était exposée aux huées continuelles d'une foule indigne du nom d'hommes... Ses regards semblaient quelquefois parcourir cette multitude pour chercher s'il n'y avait pas un humain... »

Des gouttes ruissellent sur son visage, descendent dans son cou et s'engouffrent entre ses seins que l'on devine. La chemise rouge lui colle à la peau. Elle se confond maintenant avec les centaines de bonnets révolutionnaires qui l'entourent. Seule sa tête émerge de la masse colorée.

– Vous trouvez que c'est bien long, n'est-ce pas, lui lance Samson.

– Bah ! répond-elle, nous sommes bien sûrs d'arriver !

L'attitude fière de la jeune femme choque plus d'un sans-culotte. Leroy, en particulier, qui demandera à l'Accusateur Public de faire désormais « saigner les condamnés afin d'affaisser leur maintien courageux ».

Enfin, la charrette approche de la rue Nationale qui débouche sur la place de la Révolution. La pluie a cessé mais l'orage gronde encore. « Déjà à demi transfigurée, elle semblait un ange de lumière », témoigne l'Allemand Klause.

Le cortège s'arrête. Samson met tout en œuvre pour que Charlotte n'aperçoive pas la guillotine.

– Laissez-moi, lui dit-elle, je n'en ai jamais vu : j'ai bien le droit d'être curieuse !

Rien ne semble l'émouvoir. Sauf peut-être les mains de Samson ! Poilues jusqu'à leurs extrémités, elles ont rempli à elles seules plus d'un cimetière.

« L'approche du supplice ne l'a pas ébranlée, son visage était serein et ses joues avaient le coloris ordinaire », commentera le lendemain le *Journal de la République française.*

La jeune femme sent croître autour d'elle la tension du peuple au sommet de son excitation. Elle monte avec sérénité et fermeté les cinq marches de la délivrance. Un silence écrasant s'abat sur la foule. Samson guide Charlotte, l'attache à la planche et la bascule. Le public retient son souffle. Le couperet tombe.

Le citoyen Legros, apprenti bourreau, se baisse, attrape la tête dans le panier d'osier, la brandit. Soudain, la populace exulte, les hommes lancent leur chapeau en l'air et les femmes entonnent des chants révolutionnaires.

Puis, au comble d'une colère vengeresse, Legros gifle le visage de la jeune Normande qui, selon quelques témoignages que l'on aimerait croire, arbore un franc et large sourire.

Que sont-ils devenus...

Charlotte Corday

Le corps, transporté à l'hôpital de la Charité, est autopsié rapidement en présence de Chabot et du peintre David, membre de la Convention. Les médecins concluent qu'elle est « vertueuse de la vertu des femmes ».

Charlotte est ensuite inhumée, si on peut employer ce terme, dans la fosse commune numéro 5, entre Louis XVI (N° 4) et Philippe Egalité (N° 6).

En 1815, Louis XVIII fait exhumer les restes de sa famille et des autres victimes de la Révolution. Charlotte rejoint alors le cimetière des Errancis.

En 1860, lors de la création du boulevard de Malesherbes, on la transfère aux Catacombes, où elle repose encore aujourd'hui.

Le crâne, séparé du corps, est offert à Danton par Samson. Il aura fait plus de voyages mort que vivant. En 1965, lors d'une exposition organisée par le musée Goya de Castres sous le titre « Marat, la médecine et la révolution », il fut disposé juste devant le masque mortuaire de Marat, durant trois semaines ! A ce jour, le crâne appartient à la famille de Grèce.

Jean-Paul Marat

Il rejoint le Panthéon le 21 septembre 1794 pour le quitter le 26 février 1795, sans aucun hommage. Il est alors enterré au cimetière Geneviève.

La baignoire de Marat se trouve actuellement au musée Grévin.

Mme de Bretteville

La vieille dame sera suspectée. Quelques jours après la mort de Charlotte, elle se réfugie avec Leclerc chez le voisin, juré de feu abbé Gombault, le citoyen Lunel. Ils partent ensuite pour Verson. A la fin de la révolution, elle rejoindra sa demeure où elle décède en 1799.

Augustin Leclerc

Il s'installe dans la chambre de Charlotte au fond de la cour. Mme de Bretteville, dans son testament, ne l'oublie pas. Il s'embourgeoise, se marie et devient le père de trois enfants.

Alexandrine de Forbin

La religieuse, par manque de moyens, retrouve sa famille en Italie, à Bologne puis à Florence. Altruiste, elle consacre sa vie aux déshérités et fonde en 1819 « la Grande Providence ». Elle s'éteint dix ans plus tard, le cœur en paix.

Gustave Doulcet de Pontécoulant

Le meilleur ami de Charlotte ne se remettra jamais de la dernière lettre de la condamnée. Il devient menuisier en Suisse, près de Zurich, avant de regagner la France. Il est bonapartiste sous Napoléon et royaliste au retour de Louis XVIII, comme beaucoup. Pendant la Restauration, il devient pair de France jusqu'à sa mort en 1848, soit cinquante-quatre ans après l'exécution de Charlotte.

Mme de Pontécoulant

La dernière Supérieure de l'Abbaye-aux-Dames renie son neveu Doulcet, condamne fermement le geste de Charlotte et s'éteint à Caen, dans la solitude, le 7 mars 1806.

Jean-François de Corday d'Armont

Le père de Charlotte reçoit une des deux lettres de sa fille et comprend rapidement qu'il faut fuir. Il n'en a pas le temps. Trois membres de la Municipalité se présentent chez lui pour un interrogatoire. Il est emprisonné en octobre 1793 et relâché le 19 février 1795. Il s'exile en Espagne où il meurt en juin 1798, « après avoir reçu les sacrements de l'Eglise avec quatre torches », c'est-à-dire dans l'anonymat le plus complet.

Charles-Amédée de Corday

Le curé de Vicques, oncle de Charlotte, se réfugie en Angleterre pour en revenir en 1801. Devenu le curé apprécié de Coulibœuf, il y décède le 14 février 1818.

Jacques-François-Alexis de Corday d'Armont

Le frère aîné de Charlotte a émigré, on s'en souvient, en Espagne. Il y fait une brillante carrière et revient au pays en 1803, se marie et restaure le manoir de Cauvigny où il meurt en 1809.

Charles-Jacques-François de Corday d'Armont

Le frère cadet de Charlotte est fusillé le 31 juillet 1795 au bord de la rivière d'Auray, au « champ des Martyrs », lors de l'expédition de Quiberon.

Eléonore de Corday d'Armont

La sœur cadette de Charlotte quitte la rue du Beigle après le départ de son père pour l'Espagne. Elle loue un modeste appartement rue de la Poterie à Argentan. En l'absence de revenus corrects, elle se fait dentellière et s'éteint le 13 avril 1813, dans la solitude.

Hippolyte Bougon-Longrois

L'ami de Charlotte s'est caché dans une librairie de Caen puis chez un protecteur en Vendée. Mis hors la loi par la Convention Nationale, il est arrêté et exécuté à Rennes le 5 janvier 1794. Sa dernière lettre à sa mère est un éloge à Charlotte Corday.

Adam Lux

Rentré à son hôtel, il se laisse gagner par le désespoir, et écrit des opuscules qu'il compte distribuer dans tout le pays. « Triomphe Caen, tu as produit une héroïne dont à Rome ou à Sparte on cherche en vain un semblable exemple. » Totalement subjugué par Charlotte, il aspire lui aussi au sacrifice et tente de se faire arrêter, avec succès. Lorsque les gardes viennent le chercher à son hôtel, il s'exclame avec une joie incomprise :

– Je mourrai donc pour Charlotte Corday !

Considéré comme fou, il est jeté en prison pour quelques semaines, jusqu'au 4 novembre 1794. Traduit devant le Tribunal révolutionnaire, il est condamné à mort et exécuté le jour même. « Il est allé à l'échafaud avec un sang-froid vraiment incroyable, note le journaliste du *Glaive Vengeur*, il parlait, souriait et semblait regarder la mort sans appréhension. » Avant de basculer sur la planche, Adam Lux embrassa Samson qui, on le comprend, marqua un certain étonnement...

La Marjotte

L'amie d'enfance de Charlotte demeure à Cauvigny pendant la révolution. Elle y exerce le métier de fileuse et passe ensuite une grande partie de ses vieux jours à raconter sa jeunesse qui intéressera bien des historiens...

Remerciements

Je voudrais exprimer ma reconnaissance à toutes celles et ceux qui m'ont ouvert leur porte avec courtoisie et professionnalisme :

Mme Nadège Orange de l'Abbaye-aux-Hommes,

M. Philippe Laroche de l'Abbaye-aux-Dames,

M. Olivier Patou, propriétaire du Ronceray,

M. Patrick Laverny, propriétaire de Cauvigny,

Mme Christine Pierre, responsable de l'office de tourisme de Vimoutiers,

Mme Monique Desdat, conservateur du service documentation normande et Patrimoine,

Mme Dordron, Archives Municipales de Caen,

Mme Gervais, Musée Archéologique de Caen,

Mme Nadine Huc, Musée Lambinet de Versailles,

Mme Geneviève Mouchel, Archives de Caen,

Mme Martine Buguel, Archives Municipales d'Argentan,

M. Gil Strat, directeur de la communication Tourisme et Archives d'Argentan,

M. Roidot, conservateur en chef chargé des livres anciens à la bibliothèque de Versailles,

M. José Locus et M. Jacky Thiphaigne.

M. Didier Zibolt pour sa compétence et sa serviabilité.

Mme Françoise de Turckheim, Mme Michèle Muller et M. Claude Nussli, médecins, pour leur gentillesse et leur professionnalisme.

Une pensée particulière à mon attentive lectrice, Mme Elisabeth Mangeolle.

Enfin, merci à mon ami Pierre Adam toujours fidèle au poste depuis mes débuts. Avec ce livre, nous célébrons dix ans de travail et une complicité de chaque instant.

ANNEXES

Arbre généalogique de Charlotte Corday

Pierre Corneille (1606-1684)
ép. en 1640 Marie de Lampérière née en 1617
6 enfants dont

Marie Corneille (1642-1721)
En 1673 ép. en 2e noces Jacques de Farcy
2 enfants dont

Françoise de Farcy (1682-1765)
ép. en 1701 Adrien de Corday

Jacques Adrien de Corday (1704-1795)
ép. en 1729 Marie de Belleau de La Motte
8 enfants

- J. Baptiste-Jacques (1731-1803) ép. en 1757 Françoise-Anne Le Vaillant de Rebais
  - descendance actuelle
- Marie-Madeleine (1732-1745)
- Marguerite (1733-1803)
- Pierre-Jacques (1734-1795) ép. en 1769 Dorothée de Chollet
- Anne-Françoise (1735-1757) ép. en 1756 Jacques de Cassagne
- Jacques-François de Corday d'Armont (1737-1798) ép. en 1764 Charlotte-Jacqueline de Gautier des Authieux 5 enfants
  - Jacques-François Alexis (1765-1809) ép. en 1803 Marthe des Hauvel 2 enfants sans descendance
  - Marie-Charlotte Jacqueline (1766-1774)
  - Marie-Anne-Charlotte (1768-1793)
  - Jacqueline-Jeanne-Éléonore (1770-1813)
  - Charles-Jacques-François (1774-1795)
- Thérèse-Marthe (1739-1759)
- Charles-Amédée (1745-1818)

Vous consulterez, dans ces pages annexes, des documents qui ne manquent pas d'intérêt pour les historiens et les passionnés. L'orthographe et la grammaire ont été reproduites à l'identique.

ECHANGES DE LETTRES ENTRE DOULCET DE PONTÉCOULANT ET LE TRIBUNAL RÉVOLUTIONNAIRE.

Lettre de Fouquier-Tinville à Doulcet de Pontécoulant :

« Paris ce 16 juillet 1793 de la République :

« Citoyen,

« J'ai l'honneur de vous faire part que Marie Anne Charlotte Corday, prévenue d'assassinat en la personne de Marat, vous a choisi pour son conseil, nonobstant l'observation qui lui a été faite tant par le Président que par moy, qu'un Député ne pouvait être son Conseil attendu qu'il était obligé... à son poste. Mais nommé, je dois vous en faire part et que la cause est indiquée à demain huit heures précises, je vous observe de plus que prévoyant qu'il serait possible que vos affaires ne permissent pas de vous rendre à cette invitation, j'ai fait nommer un conseil d'adjoint.

« Salut et fraternité
« L'accusateur public du Tribunal
extraordinaire révolutionnaire.
Fouquier-Tinville. »

Le citoyen Doulcet de Pontécoulant à l'Assemblée conventionnelle :

« Le samedi 20 juillet 1793 :

« Citoyen Président,

« Veuillez m'apprendre si la lettre ci-jointe, que je reçois seulement aujourd'hui samedi et décachetée, est de Marie Corday, et s'il est vrai qu'elle m'ait demandé pour défenseur, je n'en avais jusqu'à ce moment aucune connaissance.

« Gustave Doulcet. »

Lettre de Montané à Doulcet de Pontécoulant :

« Citoyen représentant,

« La lettre que vous m'avez envoyée est véritablement de Marie Corday, elle vous avait demandé pour son défenseur, l'accusateur public vous avait écrit. Le gendarme n'ayant su où vous trouver, rapporta la lettre, l'accusateur public vient de me la remettre. Je vous l'envoie, voilà l'exacte vérité.

« Salut et fraternité. Montané
« Président du Tribunal Révolutionnaire.
« Paris, 21 juillet 1793, 2° de la République. »

Doulcet de Pontécoulant réclame du Tribunal révolutionnaire la remise de la lettre de Charlotte Corday. On n'a jamais retrouvé ce billet. Nous possédons néanmoins la réponse de Montané.

Lettre de Montané à Doulcet de Pontécoulant :

« Citoyen représentant,

« Je vous renvoye suivant vos désirs, la lettre de Marie-Anne-Charlotte Corday.

« Je croyais vous l'avoir renvoyée avec celle de l'Accusateur public qui ne vous était pas parvenue vu la brièveté du temps et l'ignorance de votre véritable logement.

« Salut et Fraternité
« J. B. Montané
« Paris ce 22 Juillet, 2° de la République. »

PROCÈS-VERBAL DE FLAGRANT DÉLIT ÉTABLI LE SOIR MÊME DE LA MORT DE MARAT, CHEZ LUI, RUE DES CORDELIERS.

L'an deuxième de la République française, le Samedy treize Juillet sept heures trois quarts de relevée.

Nous Jacques-Philibert Guellard, Commissaire de

Police de la Section du Théâtre français, instruit par la clameur publique qu'il y avait un grand rassemblement dans la rue des Cordeliers et que ce qui donnait lieu à ce rassemblement était le bruit de l'assassinat commis en la personne du citoyen Marat, Député à la Convention Nationale; nous sommes sur-le-champ porté à la maison du dit Citoyen Marat, susditte rue des Cordeliers, numéro 30, où étant monté au premier étage entré en une pièce servant d'antichambre éclairée d'une croisée ayant vue sur la cour, nous y avons trouvé différents citoyens armés et une citoyenne dont on tenait les deux mains, et accusée d'avoir porté un coup de couteau au Citoyen Marat dans l'instant qu'il était au bain, dont nous a dit que le Citoyen Marat était expiré. Et à l'instant nous étant transporté dans une petite pièce à gauche ayant vue aussi sur la cour, nous avons aperçu dans une petite pièce adjacente et où était une Baignoire, une grande quantité de sang sur le carreau et que l'eau de la Baignoire était toute teinte du sang qu'avait perdu ledit Citoyen Marat. Etant de suite entré dans une autre pièce servant de chambre à coucher et ayant vue sur la rue par deux croisées à grands verres de Boëme, à gauche de la porte où est un lit, nous y avons trouvé étendu le cadavre du dit Marat, assassiné par un coup de couteau, et auprès du dit cadavre avons aussi trouvé et par devant nous est comparu le citoyen Philippe Jean Pelletan, chirurgien consultant des armées de la République et membre du Conseil de Santé demeurant rue de Tourraine, faubourg Saint-Germain.

Lequel nous a dit et fait remarquer que le coup de couteau porté au dit Marat a pénétré sous la clavicule du côté droit, entre la première et la seconde vraie côte et cela si profondément que l'index a facilement pu pénétrer de toute sa longueur à travers le poumon blessé, et que d'après la position des organes, il est probable que le tronc des carotides a été ouvert, ce qu'indique encore la perte du sang qui a causé la mort, et qui sortait à flots de la plaie au rapport des assistants et a le dit citoyen Pelletan signé au présent à l'effet de constater la véracité du dit rapport.

Pelletan.

Et de suite, nous Commissaire susdit, après avoir donné acte au dit Pelletan de ses comparution, dire, rapport et déclaration, nous avons examiné le cadavre et avons reconnu autant qu'il était en nous, la vérité du dit rapport, qui nous avait été fait, et ayant jette les yeux à côté du cadavre, nous avons trouvé un couteau à manche en Bois d'ébène dont la lame toute fraîche nous a paru être teinte de sang, et avoir été l'instrument avec lequel le dit Marat avait été assassiné dans son bain.

Etant de suite repassé dans la première pièce servant d'antichambre, où nous avions d'abord trouvé la femme prévenue d'avoir commis cet assassinat, l'ayant fait passer dans une pièce servant de salon, et percée de deux croisées ayant jour sur la dite rue des Cordeliers, nous l'avons interrogée de la manière et ainsi qu'il suit, en présence des citoyens Marino et Louvet, Administrateurs au Département de Police à la Mairie, survenus à l'instant et au bruit de cet assassinat.

Avant de procéder à cet interrogatoire, de l'avis des dits Citoyens Administrateurs, avons pensé qu'il était à propos de faire part de cet horrible attentat aux Comités de Salut Public et de Sûreté Générale de la Convention, ainsi qu'au Conseil de la Commune, ce que nous avons fait à l'instant.

PREMIEREMENT à elle demandé ses noms, surnoms, âge, qualité, pays et demeure.

A répondu se nommer MARIE-ANNE-CHARLOTTE CORDAY, ci-devant D'ARMANT, native de la paroisse Saint-Saturnin des Lignerits, ci-devant diocèse de Sées, âgée de vingt-cinq ans moins quinze jours, vivant de ses revenus et demeurant ordinairement à Caen, lieu de sa résidence, et présentement logée à Paris, rue des Vieux-Augustins, Hôtel de la Providence.

A elle demandé depuis quel temps elle est à Paris, et quel a été l'objet de son voyage dans cette ville?

A répondu y être arrivée jeudy dernier avec un passeport qu'elle avait obtenu à Caen, dont elle est partie le mardi d'avant et être venue dans cette ville sans aucun dessein.

A elle demandé s'il n'est pas vrai qu'heure présente elle s'est introduite chez le Citoyen Marat, qui était alors au bain, et s'il n'est pas également vrai qu'elle a assassiné Marat avec le couteau que nous lui représentons à l'instant?

A répondu que oui, et qu'elle reconnaît le couteau.

Interpellée de nous déclarer ce qui l'avait déterminée à commettre cet assassinat?

A répondu qu'ayant vu la guerre civile sur le point de s'allumer dans toute la France et persuadée que Marat était le principal auteur de ce désastre, elle avait préféré de faire le sacrifice de sa vie pour sauver son pays.

A elle observé qu'il ne nous paraît pas naturel qu'elle ait conçu ce dessein exécrable de son propre mouvement et interpellé de nous déclarer les personnes qui l'ont engagée à cet attentat, ainsi que de nous nommer les personnes qu'elle fréquente le plus ordinairement dans la ville de Caen?

A répondu qu'elle n'a communiqué son projet à âme qui vive, qu'il y avait quelque temps qu'elle avait le passeport qui lui avait servi pour venir à Paris, qu'en partant mardy dernier de Caen et quittant une vieille parente chez laquelle elle demeure (la Citoyenne Coutelier de Bretteville, veuve, âgée de soixante et quelques années), elle Répondante a seulement dit qu'elle allait voir son père, que très peu de personnes fréquentaient la maison de cette parente, et qu'aucune n'a jamais rien su de son dessein.

A elle observé que suivant sa réponse antécédente il y a tout lieu de croire qu'elle n'a quitté la ville de Caen que pour venir commettre cet assassinat dans la personne du Citoyen Marat?

A répondu qu'il est vrai qu'elle avait ce dessein et qu'elle n'aurait pas quitté Caen si elle n'eût envie de l'effectuer.

Sommée de nous déclarer où elle s'est procuré le couteau dont elle s'est servie pour commettre ce meurtre et sommée de nous dire quelles sont les personnes qu'elle a vues depuis qu'elle est à Paris, et enfin de nous rendre compte de ce qu'elle a fait à Paris depuis le jeudy qu'elle y est arrivée?

A répondu avoir acheté le couteau dont elle s'est servie pour assassiner Marat, le matin à huit heures au Palais-Royal et l'avoir payé quarante sols; qu'elle ne connaît personne à Paris, où elle n'est jamais venue; qu'arrivée, jeudy vers le midy elle s'est couchée, n'est sortie de son appartement le vendredy matin, pour se promener vers la Place des Victoires et dans le Palais-Royal; que l'après midy elle n'est point sortie, qu'elle s'est mise à écrire différents papiers que nous trouverons sur elle, qu'elle est sortie ce matin, a été au Palais-Royal vers les sept heures et demie huit heures, y a acheté le couteau dont nous avons parlé cy-dessus, a pris une voiture Place des Victoires, pour se faire conduire chez le Citoyen Marat, auquel elle n'a pu parvenir; qu'alors retournée chez elle, elle a pris le parti de lui écrire par la petite poste, et sous un faux prétexte de lui demander une audience. – Qu'elle Répondante sur les sept heures et demie du soir avait pris une voiture pour se présenter chez le Citoyen Marat y recevoir la réponse à sa lettre; que crainte d'essuyer encore un refus, elle s'était précautionnée d'une autre lettre, qui est dans son portefeuille et qu'elle se proposait de faire tenir au Citoyen Marat, mais qu'elle n'eut point fait usage, ayant été reçue à cette heure; enfin que son projet n'était point un projet ordinaire.

A elle demandé comment elle est parvenue cette seconde fois auprès du Citoyen Marat, et dans quel temps elle a commis le crime envers sa personne?

A répondu que les femmes lui avaient ouvert la porte, qu'on avait refusé de la laisser entrer auprès de Marat, mais que ce dernier ayant entendu la Répondante insister, il avait lui-même demandé qu'on l'introduisît auprès de son bain, qu'il avait fait plusieurs questions à la Répondante sur les Députés présents à Caen, sur leurs noms et ceux des Officiers Municipaux; que la répondante les lui avait nommés et que Marat ayant dit qu'ils ne tarderaient pas à être guillotinés, c'est alors que la Répondante a tiré le couteau qu'elle portait dans son sein, dont elle a aussitôt frappé le dit Marat dans son Bain.

A elle observé si après avoir consommé le crime, elle n'a pas cherché à s'évader par la fenêtre?

A répondu que non, qu'elle n'a eu aucun dessein de s'évader par la fenêtre, mais qu'elle se fut en allée par la porte si on ne s'y fut opposé.

Nous avons fait fouiller la répondante, et dans ses poches se sont trouvés les objets cy-après, savoir :

1° Vingt-cinq écus de six livres, cinquante écus;

2° Un dez d'argent;

3° Cent quarante livres en un assignat de cent livres, et Quatre autres assignats de dix livres chacun;

4° Une lettre à l'adresse de Marat, ainsy qu'elle nous l'avait déclarée plus haut;

5° Un passeport au signalement de la Répondante, délivré par la Municipalité de Caen, le 8 Avril et visé le 23 dudit mois;

6° Une montre d'or faite par Dubosq, de Caen;

7° Une clef de malle et un peloton de fil blanc, tous objets non suspects, mais dans la gorge de la répondante s'est trouvée une gaine en façon de chagrin et servant au couteau avec lequel la répondante a assassiné le dit Marat, et en sa présence nous avons présenté le couteau à la dite gaine qui nous a paru y aller, de plus dans la gorge s'est aussy trouvés deux papiers attachés ensemble, avec une Epingle, dont ayant fait lecture, nous avons reconnu que l'un était son Extrait Baptistaire, et l'autre une diatribe, en forme d'Adresse aux François, dont il a été fait lecture en présence des Citoyens Mauze, Legendre, Chabot et Drouet, membres du comité de Sûreté Générale de la Convention, alors intervenus par un arrêté dudit Comité.

Demandé à la répondante qu'il y a lieu de croire qu'elle nous en impose en disant que personne n'était instruit de son dessein, vu la quantité de numéraire dont elle est munie, et qu'il est difficile de se procurer, surtout pour une fille de son âge?

A répondu que ce numéraire est une partie de celui qu'elle possédait, et qu'elle a pris ces cinquante écus à fin de suppléer au peu d'assignats qu'elle avait, ne voulant rien demander à ses parents.

Interrogée si, ce matin, elle ne s'est point présentée, à Sainte-Pélagie ou autre prison de cette ville?

A répondu que non, qu'elle ignore même où sont les Prisons.

Lecture faite à la répondante dudit interrogatoire, et de ses réponses a dit ses réponses contenir vérité, y persister, et a signé.

CORDAY.
MAUZE Aîné, LEGENDRE, François CHABOT, DROUET, MARIANO, LOUVET.

Ce fait, nous Commissaire susdit sur la demande à nous faite par les Citoyens Administrateurs de Police dénommés ci-dessus, de la personne dite Marie-Anne-Charlotte Corday, avons ordonné qu'elle serait remise à leur garde pour être par eux ordonné ce qu'il appartiendra, et à l'égard des objets cy-dessus énoncés, nous

nous en sommes chargés pour les faire remettre à qui il sera ordonné.

GUELLARD.

Procès-Verbal de sortie de Charlotte Corday de la prison de l'Abbaye.

L'an mil sept cent quatre-vingt-treize le 16 Juillet deuxième de la République,

A la requête du citoyen Accusateur Public près le Tribunal Criminel Extraordinaire et Révolutionnaire, établi à Paris par la Loi du 16 Mars 1793, sans recours au Tribunal de Cassation, lequel fait élection de domicile en son Parquet, sis audit Tribunal au Palais de Justice où siégeait ci-devant le Tribunal de Cassation;

Nous, Huissier Audiencier audit Tribunal, demeurant à Paris soussigné,

Sommes transporté pour l'exécution de l'ordonnance du Président dudit Tribunal Révolutionnaire, en date de ce jour, en la Maison de Justice de l'Abbaye où étant et parlant au Citoyen Lavaquerie, Concierge d'icelle, l'avons requis de nous représenter la nommée Marianne-Charlotte Corday à l'effet de l'extraire de ladite maison pour la conduire en celle de la Conciergerie du Palais, lequel nous l'a représentée et faites nous nous en sommes chargés pour la conduire en ladite Maison accompagné de la Force Armée et après interrogatoire par elle subi devant le dit président, l'avons réintégrée en la dite Maison de l'Abbaye et de tout ce que dessus avons faites rédigé le Présent Procès-verbal pour servir et valloir ce que raison, lesdits jour et an que dessus.

AUVRAY

Enregistré à Paris le 18 juillet 1793, 2° de la République. Gratis.

Signature illisible.

INSTRUCTION DEVANT LE TRIBUNAL RÉVOLUTIONNAIRE.

Dirigée concurement par :
1° E. FOUCAULT, Juge :
2° A. ROUSSILLON, Juge;
3° J.B. MONTANE, Président.

Audition de témoins devant Foucault

Nous, Etienne Foucault, juge au tribunal extraordinaire et révolutionnaire établi par la loi du 10 Mars 1791 et en vertu des pouvoirs délégués au tribunal par la loi du 5 Avril de la même année, vu la cédule délivrée par le Président qui ordonne assignation à la requête de l'accusateur public en date du 14 Juillet 1793, an II de la République.

Aux témoins indiqués par ledit accusateur public a l'effet de faire leur déclaration sur les faits contenus contre la nommée Corday, prévenir, et l'assignation donnée en conséquence le 16 Juillet 1793.

A comparaître à ce jour, lieu et heure

En présence de l'accusateur public et assisté de Anne Ducray, commis greffier dudit tribunal.

Avons reçu les déclarations desdits témoins ainsi qu'il suit :

Est comparue la citoyenne Evrard Simone, âgée de vingt-sept ans, demeurant rue des Cordeliers, numéro trente,

Laquelle déclare que le samedy treize du courant sur les midy, une jeune personne qu'elle a sçu depuis se nommer Marie Anne Charlotte Corday se présenta à l'antichambre de l'appartement du Citoyen Marat, que cette jeune personne déclara avoir des choses très intéressantes et très pressées à communiquer au citoyen Marat, et qu'il fallait absolument qu'elle lui parlât, que la déclarante lui refusa l'entrée de la chambre où était le citoyen Marat, en lui disant qu'il était très malade et que sa position ne lui permettait de voir personne, que cette jeune demoiselle insista encore toujours sur le fondement des secrets importants qu'elle avait à révéler au Citoyen Marat, que malgré ses instances la déclarante refusa toujours d'entrer à cette personne qui s'en alla en lui demandant quand il faudrait qu'elle revînt, si c'était dans trois ou quatre jours, ou dans quinze jours.

A quoi la Déposante lui répondit qu'elle ne pouvoit lui dire l'époque ni le jour auquel elle pourroit revenir, que même elle lui ajouta qu'il était inutile qu'elle revînt parce qu'elle ne lui parleroit pas, attendu qu'on ne savoit pas quand ledit Marat seroit rétabli.

Que cette même personne, malgré la réponse de la déposante, revint une seconde fois le même jour, mais que la déposante ne la vit pas cette seconde fois; qu'enfin, laditte Charlotte Corday écrivit une lettre au citoyen Marat, qui lui fut remise le même jour; qu'une demie heure environ après que le citoyen Marat eut lu cette lettre, cette jeune personne se présenta pour la troisième fois environ sur les huit heures, qu'elle s'adressa d'abord à la citoyenne Pain, qui lui réitéra l'impossibilité où elle étoit d'être introduite chez le citoyen Marat, que ce dernier ordonna alors qu'on la fît entrer; que la Déclarante qui étoit alors dans la chambre du citoyen Marat fit entrer laditte Corday et se retira, un peu à l'écart dans laditte chambre, de manière à ne pas entendre la conversation avec le citoyen Marat.

Que laditte Corday causa environ un grand quart d'heure avec le citoyen Marat qui dans le moment étoit dans son bain vêtu simplement d'un peignoir et occupé à écrire ce que lui disoit Charlotte Corday, sur une table arrangée à cet effet sur la baignoire.

Que dans le moment la sœur d'elle déclarante étoit occupée à écraser des morceaux de terre anglaise pour l'usage du citoyen Marat pour lui montrer cette terre; que le citoyen Marat lui dit qu'il n'y en avoit pas trop, mais qu'au surplus elle pouvoit en ôter un petit morceau, qu'ensuite elle emporta cette terre qu'elle remit à sa sœur, et aperçut en même temps deux plats sur lesquels il y avoit des ris de veaux et de la cervelle qu'elle emporta, et pendant que ladite Déclarante s'étoit absentée un instant et étoit passée dans le sallon, emportant les deux plats, la fille Corday avait profité de cet instant pour enfoncer un couteau dans le sein du citoyen Marat, qu'alors la Déclarante entendit des cris confus et s'écria : Ah ! Mon Dieu, il est assassiné ! Que de suite elle se transporta dans l'antichambre où elle trouva Charlotte Corday aux prises avec la citoyenne Pain, portière et le commissionnaire qui porte ordinairement les feuilles chez le Ministre de la Guerre, qu'elle sauta sur elle, la prit par la tête et tous trois ensemble la jetèrent par terre, qu'après l'avoir attérée, elle déclarante courut auprès de Marat qu'elle trouva baigné dans son sang, porta la main sur la playe pour arrêter le sang qui couloit à gros bouillons, que pendant ce temps il arriva des voisins à l'aide desquels on le retira du bain. Le plaça sur un lit où il étoit déjà expiré, que la déclarante n'a point quitté Marat, mais qu'elle a toujours recommandé qu'on ne laissât pas échapper l'assassin.

Et c'est tout ce qu'elle a dit sçavoir.

Lecture faite à la Déclarante de sa déclaration, a persisté et signé avec nous, et notre commis greffier.

Evrard, Foucault.

Est aussi comparue la citoyenne Jeannette Maréchal, âgée de trente-deux ans, cuisinière chez la citoyenne Evrard chez laquelle le citoyen Marat demeurait.

Laquelle déclare que le samedy matin treize du présent, entre neuf et dix heures du matin, une jeune personne, que la déclarante a sçu depuis s'appeler Marie-Anne-Charlotte Corday, s'est présentée à la portière chez laquelle que déclarante était, demanda l'adresse du citoyen Marat, qu'on lui dit que c'étoit au premier sur le devant, que cette personne a monté l'escalier très lestement, que la déclarante resta chez la portière où elle a vu redescendre avec la même promptitude la fille Corday.

Que le même jour entre sept et huit heures du soir, la déclarante étant dans l'antichambre à côté de l'appartement du citoyen Marat, elle a vu revenir la fille Corday qui a demandé à parler au citoyen Marat, avec beaucoup de vivacité, que sur la réponse qu'on lui fit qu'elle ne pouvoit lui parler, elle demanda si elle avoit reçu la lettre qu'elle lui avoit écrite, que la portière qui étoit occupée dans l'anti-chambre à ployer des feuilles, lui répondit que le citoyen Marat recevoit beaucoup de lettres et qu'on ne pouvoit lui dire si la sienne lui étoit parvenue, qu'alors la citoyenne Evrard, qui sortoit de l'appartement du citoyen Marat, a paru et a dit de faire entrer la fille Corday. Après l'ordre qu'en avoit donné lui-même le citoyen Marat, qu'elle Déclarante s'est occupée à donner une cuillère pour écraser des petits morceaux de terre carrés dans une carafe d'eau d'amande, qu'il s'est trouvé deux plats de cervelle et de ris de veau, que la citoyenne Evrard a emportés dans sa chambre dans la crainte qu'on ne jeta sur ces plats quelque chose qui put empoisonner Marat ; que dans ces entrefaites et pendant que la citoyenne Evrard passoit dans le salon pour entrer dans la chambre du citoyen Marat, la déclarante a entendu la portière et le commissionnaire crier à l'assassin et à la garde, et la citoyenne Evrard s'écria : Ah ! Mon Dieu, on l'a assassiné laquelle déclarante conjointement avec la citoyenne Evrard s'est portée auprès du citoyen Marat pour lui porter secours et arrêter le sang qui couloit de sa playe, que l'infortuné Marat étoit dans sa baignoire les yeux fixés sur la citoyenne Evrard, qu'on l'a retiré du bain, qu'on l'a placé sur un lit, où il a fait deux ou trois soupirs et est expiré; que laditte déclarante a ramassé le couteau dont s'étoit servi la fille Corday.

Et est tout ce qu'elle a dit savoir.

Lecture faite de sa déclaration a persisté et avons signé avec notre commis greffier.

La déposante nous a déclaré ne savoir signer.

Foucault – Ducray.

Est aussi comparue la citoyenne Marie Barbe Aublain femme du citoyen Pierre Dominique Pain, âgée de trente-deux ans, portière et ouvrière chez le citoyen Marat rue des Cordeliers n° 30.

Laquelle déclare que le treize du courant une jeune femme, que la déposante a sçu se nommer Charlotte Corday, se présenta à deux fois différentes dans la matinée chez le citoyen Marat,

Que la première fois on lui a refusé la porte, que la seconde fois elle est montée et est descendue tout de suite, qu'elle s'est présentée une troisième fois le même jour entre sept et huit heures du soir, qu'alors la Déclarante étoit dans l'antichambre du citoyen Marat, avec le commissionnaire qui attendait les paquets, que la fille Corday demanda à parler au citoyen Marat, que la Déclarante lui répondit que cela étoit impossible, attendu que depuis sa maladie, il ne parloit à personne, que d'ailleurs il étoit dans son bain pour le moment; qu'alors la citoyenne Evrard s'est présentée et a ordonné de faire entrer la fille Corday, qui a été introduite dans la chambre du citoyen Marat, qui étoit alors dans son bain; que la citoyenne Evrard, avec sa sœur et sa cuisinière étoient sur le devant, que la citoyenne Evrard appela la déclarante pour lui faire voir un journal qu'on lisoit en face, que la Déclarante étant revenue dans la chambre, elle a entendu un cri... Qu'alors la déclarante est accourue et a aperçu la fille Corday ouvrir la porte du cabinet et a vu le citoyen Marat baignant dans son sang, qu'elle s'est écriée; Malheureuse! Qu'as-tu fait! Qu'elle a couru sur elle avec une chaise pour l'empêcher de sortir, et a crié : A l'assassin! A la Garde! Qu'alors les deux sœurs et la cuisinière sont accourues, se sont emparées de la fille Corday, qu'ensuite la déclarante a couru chercher un chirurgien. Et est tout ce qu'elle a dit sçavoir.

Lecture faite de sa déclaration a persisté et a signé avec nous commis greffier.

Femme Pain – Foucault – Ducray.

Audition de témoins par Roussillon

L'An mil sept cent quatre-vingt-treize, l'an deuxième de la République française, le mardy seize Juillet.

Nous, Antoine Roussillon, juge du tribunal extraordinaire et révolutionnaire établi par la loi du 10 Mars 1793, et en vertu des pouvoirs délégués au tribunal par la loi du 5 Avril de la même année, vu la cédule délivrée par le Président qui ordonne assignation à la requête de l'accusateur public en date du jourd'hui seize Juillet.

Aux témoins indiqués par ledit accusateur public à l'effet de faire leurs déclarations sur les faits contre

Marie-Anne-Charlotte Corday, prévenue et l'assignation donnée en conséquence ce jourd'hui par Boucher, huissier :

A comparaître à ce jour lieu et heure.

En présence de l'accusation publique et assisté de Etienne Masson commis greffier dudit tribunal.

Avons reçu les déclarations desdits témoins ainsi qu'il suit :

Est comparu Antoine Clair Michon Lafondée, chirurgien dentiste, âgé de vingt-neuf ans, natif Conflans-Sainte-Honorine, demeurant rue des Cordeliers, n° 30.

Lequel nous a déclaré qu'étant à travailler chez lui le samedy treize du présent mois, environ sept ou huit heures du soir, il entendit du bruit chez le citoyen Marat, et se mit à sa fenêtre pour voir quelle était la cause du bruit; il a vu un homme dans la pièce servant d'antichambre de l'appartement du citoyen Marat, dans l'encoignure de la fenêtre de ladite pièce, qui tenait une chaise dans ses deux mains, levée comme pour frapper une femme, et que sur les mots de coquine et de scélérate, le Déposant sortit de chez lui et vit une personne par laquelle il fut appelle de venir au secours du citoyen Marat qu'on venoit d'assassiner; le Déposant courut au plus vite, et vit une femme à lui inconnue étendue par terre, et pour aller jusqu'au citoyen Marat, le Déposant fut obligé de passer par dessus cette femme; étant entré dans la pièce où était le citoyen Marat, il le vit baignant dans son sang sorti d'une blessure qui lui parut être à la poitrine, sur laquelle playe la Citoyenne Evrard avait la main droite appuyée; qu'ensuite le déposant demanda un linge pour faire une compresse pour appliquer sur la playe.

Laquelle faite, il leva la main de la citoyenne Evrard pour voir la playe et pour appliquer la compresse ; c'est à ce moment que le Déposant vit la playe et qu'il vit le sang sortir gros comme le pouce, il lui appliqua néanmoins la compresse et prit le bras droit du citoyen Marat pour lui tâter le poulx, n'en ayant pas trouvé, il porta la main sous l'aisselle et ne sentit aucun mouvement, alors il fit retirer le citoyen Marat du bain, et le fit porter sur son lit ; le déposant sur le seul mot de blessure avait crié qu'on aille chercher le citoyen Pelletan, et à l'instant que le citoyen Marat fut déposé sur son lit le citoyen Pelletan entra ; le déposant lui fit voir la playe et il jugea comme lui qu'il était expiré, et convinrent ensemble que probablement il fallait que l'artère axillaire fût coupée pour que le citoyen Marat ait expiré si promptement ; qui est tout ce qu'il a dit sçavoir.

Lecture faite de sa déclaration a dit belle contenir vérité et a signé avec nous commis-greffier.

Signé : Michon Delafondée – Roussillon – Fouquier-Tinville – E. Masson.

L'an mil sept cent quatre-vingt-treize, l'an deuxième de la République française, le mardi seize juillet.

Nous, Antoine Roussillon, juge au Tribunal extraordinaire et révolutionnaire établi par la loi du 10 Mars 1793 et en vertu des pouvoirs délégués au tribunal par la loi du 5 Avril de la même année ; vu la cédule délivrée par le Président qui ordonne assignation à la requête de l'accusateur public en date du seize présent : Aux témoins indiqués par ledit accusateur public a l'effet de faire leur déclaration sur les faits contenus contre Corday prévenu en l'assignation donnée en conséquence ce jourd'hui par Boucher, huissier.

A comparaître à ce jour lieu et heure,

En présence de l'accusateur public et assisté de Etienne Masson, commis-greffier dudit tribunal,

Avons reçu les déclarations desdits témoins ainsi qu'il suit ;

Est comparu Martin Cuisinier, âgé de quarante-sept ans, natif de Quentin, limonadier, demeurant au bas du pont Saint-Michel.

Lequel a dit que le samedi treize du présent mois, étant de garde au poste de la rue des Cordeliers, entre sept et huit heures du soir, comme il était sur la porte du Corps de Garde à prendre le frais, il entendit crier A la garde ! A l'assassin ! On assassine Marat ! Qu'aussitôt le déposant commandant le poste se porta avec sa garde au domicile du citoyen Marat, qu'entré par la boutique qui donne sur la porte cochère, il s'est introduit avec la garde chez le citoyen Marat, où il demanda qui avait assassiné Marat, qu'alors on lui montra une femme assise sur une chaise, qu'on lui dit être la coupable et de laquelle il s'empara jusqu'au moment où elle fut conduite à l'Abbaye ; qui est tout ce qu'il a dit savoir.

Lecture à lui faite de sa déposition, a dit icelle contenir vérité y a persisté et a signé avec nous et le commis-greffier.

Signé : Cuisinier, Roussillon, Fouquier-Tinville, E. Masson.

Et les dits jour et an que dessus, est comparu devant nous assiste comme dessus, le citoyen Louis Brunot, portier de la maison appelée l'Hôtel de la Providence, rue des Vieux-Augustins, natif de Chatellerot, âgé de trente ans.

Lequel nous a dit que depuis l'arrivée de la nommée Corday à l'hôtel de la Providence, il a vu venir deux ou trois fois un quidam qui une seule fois lui a demandé si la citoyenne Corday était chez elle, que sur sa réponse il y est monté ; que le déposant ne connoit point ce quidam, mais qu'il se rappelle être de la taille de cinq pieds environ trois ou quatre pouces, d'être d'une assez forte corpulence, vêtu d'un habit qu'il croit être de soye d'un jaune verdâtre et âgé d'environ quarante ans passés ; qui est tout ce qu'il a dit savoir.

Lecture a lui faite de sa déposition, a dit icelle contenir vérité y a persisté et a signé avec nous et le commis-greffier.

Signé : Bruneau, Roussillon, Fouquier-Tinville, E. Masson.

Et les dits jours et an que dessus, est comparue devant nous juge assisté comme dessus : la citoyenne Marie Louise Grolier, âgée de vingt-six ans, native de Chatellerot, tenant l'hôtel garni dit la Providence, rue des Vieux-Augustins.

Laquelle nous a dit que le onze Juillet présent mois, sur les dix heures du matin, la nommée Corday est arrivée chez elle conduite par un commissionnaire ; qu'en arrivant elle demanda à faire arranger son lit, comme pour se coucher ; qu'après un moment elle dit au garçon de la déposante, toutes réflexions faites, je ne me coucherai pas, je vais sortir pour aller au Palais-Royal, et une rue dont elle ne se rappelle pas bien, mais qu'elle croit être aux environs du Louvre; déclare la Déposante avoir vu venir chez elle, pour parler à ladite Corday, un homme qu'elle ne connaît pas, mais qu'elle se rappelle être vêtu d'un habit pistache, de la taille d'environ cinq pieds quatre pouces, figure ronde et bourgeonnée, âgé d'environ quarante à quarante-six ans, qui est tout ce qu'elle a dit savoir.

Lecture faite à celle de sa déposition, a dit icelle contenir vérité y a persisté et a signé avec nous et le commis-greffier.

Signé : Grolier, Roussillon, Fouquier-Tinville, E. Masson.

Audition de témoins par Montané

L'an mil sept cent quatre-vingt-treize, l'an deuxième de la République française, le seize Juillet.

Nous Jacques Bernard Marie Montané, président du tribunal extraordinaire et révolutionnaire établi par la loi du dix mars mil sept cent quatre-vingt-treize, et en vertu des pouvoirs délégués au tribunal par la loi du cinq avril de la même année, vu la cédule délivrée par le Président qui ordonne assignation à la requête de l'accusateur public, en date du jourd'hui.

Aux témoins indiqués par ledit accusateur public, à l'effet de faire leur déclaration sur les faits contenus en les procès-verbaux contre Marie-Anne-Charlotte Corday, prévenue, et l'assignation donnée en conséquence ce jourd'hui par Auvray, huissier,

A comparaître à ce jour, lieu et heure,

En présence de l'accusateur public et assisté de Etienne Masson, commis greffier dudit tribunal,

Avons reçu les déclarations desdits témoins ainsi qu'il suit :

Est comparue Catherine Evrard, âgée de vingt et un ans, sans profession, demeurant à Paris, rue des Cordeliers, numéro trente, maison du citoyen Marat, laquelle nous a dit que samedy treize de ce mois, entre huit et neuf heures du matin, une jeune femme vêtue de brun, portant un chapeau noir, est venue demander le Citoyen Marat, que la Comparante lui a répondu qu'il n'était pas possible de lui parler, qu'elle s'en est allée; elle est revenue le soir, sur les sept heures, et a demandé si le citoyen Marat avoit reçu la lettre qu'elle lui avoit écrite, que la sœur de la Comparante a averti le Citoyen Marat que cette Jeune femme qui lui avoit écrit demandoit à lui parler qu'il a alors permis qu'on la fît entrer; qu'elle est entrée, que la Comparante étant entrée aussi pour donner à boire au citoyen Marat a vu ladite jeune femme pleurer et être consolée par ledit Citoyen Marat; que la Comparante étant passée dans une autre chambre a entendu crier les personnes de la maison, est entrée et a vu qu'on relevoit ladite femme qu'on avoit couchée par terre, et Marat expirant dans la baignoire; qui est ce qu'elle a dit savoir.

Lecture faite a signé avec nous l'accusateur public et le greffier :

Signé : Evrard, Montané, Lescot-Fleuriot, E. Masson.

Pierre-François Feuillard âgé de trente-cinq ans, garçon de l'hôtel de là Providence, rue des Vieux-Augustins.

Lequel nous a dit que le onze de ce mois, sur les midy une jeune femme sortant de la diligence de Caen, est venue demander un logement, que son paquet étoit porté par un commissionnaire, qu'elle vouloit d'abord se coucher, mais est sortie pendant environ trois quarts d'heure après avoir demandé audit Comparant la rue Saint-Thomas-du-Louvre ; que dans l'après-midi elle a dormi ; que le lendemain elle est sortie à pied et rentrée en fiacre, et a été visitée environ trois ou quatre fois par un citoyen qu'il reconnaitroit ; qu'elle a envoyé le Comparant chercher du papier et des plumes, que le Comparant lui ayant demandé des nouvelles, elle lui a dit que beaucoup de troupes alloient de Paris à Caen, mais que trois ou quatre cents seulement venoient de Caen à Paris, qu'elle a demandé au Comparant ce qu'on disoit de Marat, qu'il a dit qu'on le regardait comme un bon citoyen, que cela a fait sourire cette jeune femme, qui est tout ce qu'Il a dit savoir.

Lecture faite, a signé avec nous et ledit accusateur-public et le greffier.

Signé : Feuillard, Montané, Lescot-Fleuriau, E. Masson.

Laurent Bas, âgé de vingt-neuf ans, commissionnaire, demeurant rue de la Sonnerie à Paris, maison du citoyen Baille, lequel a dit qu'il était porteur des journaux de Marat, qu'il étoit occupé à ployer les papiers avec la portière de la Maison, que sur les sept heures et demie du soir du treize de ce mois une jeune femme est venue demander si la lettre qu'elle avoit envoyée à Marat lui étoit parvenue, qu'elle désiroit fort le voir que la citoyenne Evrard a été avertir Marat, que Marat a permis qu'on fît entrer la jeune femme, que sept à huit minutes après qu'elle a été rentrée, la citoyenne Evrard, étant dans une autre chambre et sa sœur sortant de donner à boire à Marat, le Comparant a entendu Marat dire d'une voix étouffée : A moi, mon amie ! Je me meurs ! Qu'il a vu la jeune femme ouvrir la porte, et le sang rejaillir dans l'antichambre, que se trouvant seul avec elle, il l'a terrassée avec une chaise, qu'elle s'est relevée, qu'il l'a terrassée de nouveau, en la prenant par les mamelles, que la portière est entrée, ensuite le principal locataire, et quelques autres citoyens, que ladite femme a été arrêtée et que bientôt après la garde s'en est emparée, qui est tout ce qu'il dit savoir.

Lecture faite, a signé avec nous l'accusateur public et le greffier.

Signé : Laurent Bas, Montant, Lescot-Fleuriot, E. Masson.

Acte d'accusation et ordonnance de prise de corps concernant Charlotte Corday

Antoine Quentin Fouquier-Tinville, Accusateur Public du Tribunal Criminel extraordinaire et révolutionnaire établi à Paris par Décret de la Convention Nationale du 10 Mars 1793, l'an deuxième de la République, sans aucun recours au Tribunal de Cassation, en vertu du pouvoir à lui donné par l'Article deux d'un autre Décret de la Convention, du cinq avril suivant, portant que l'Accusateur Public dudit Tribunal est autorisé à faire arrêter, poursuivre et juger sur la dénonciation des autorités constituées ou des Citoyens ;

Exposé, que le treize Juillet, présent mois sept heures trois quarts du soir, le Commissaire de Police de la Section du Théâtre français, instruit par la Clameur publique qu'il existait dans la rue des Cordeliers, un grand rassemblement de citoyens, causé par le Bruit de l'assassinat qui venait d'être commis en la personne du citoyen Marat, l'un des représentants du peuple à la Convention, s'est transporté au domicile dudit Marat, où il a trouvé une femme prévenue d'avoir commis ledit assassinat, et après avoir fait constater par un Chirurgien les Causes de la mort de ce Député ledit Commissaire de Police a fait subir Interrogatoire à ladite femme, laquelle a déclaré se nommer ANNE-MARIE-CHARLOTTE CORDAY, ci-devant D'Armant, native de la paroisse Saint Saturnin des Lignerits, âgée de vingt-cinq ans, moins quinze jours, vivant de ses revenus et demeurant ordinairement à Caen et présentement à Paris, logée rue des Vieux-Augustins, hôtel de la Providence – Que cet Interrogatoire terminé, le Commissaire de Police, a remis ladite Corday aux Administrateurs du département de police, avec expédition de son procès-verbal, sur le Vu duquel les dits Administrateurs ont ordonné que ladite Corday serait conduite à la Prison de L'abbaye, et gardée à vue par un gendarme, et que le procès-verbal et toutes les pièces seraient envoyées au Tribunal ; – Qu'en exécution de cette ordonnance, et du décret de la Convention en date du quatorze Juillet, présent mois portant que le tribunal révolutionnaire instruira tout de suite contre l'assassinat de Marat, et de ses complices, toutes lesdites pièces ont été remises à l'accusateur public le jour d'hier neuf heures du soir.

Qu'en conséquence ladite Marie-Anne-Charlotte Corday a ce jourd'hui subi interrogatoire par devant le Président du tribunal. – Qu'il a aussi été reçu par différents juges plusieurs déclarations de témoins ;

L'examen fait par l'Accusateur Public de toutes lesdites pièces, il en résulte que le mardi neuf Juillet, présent mois, Marie-Anne-Charlotte Corday est partie de Caen pour se rendre à Paris, où elle est arrivée le jeudi suivant, environ à midi, et s'est logée rue des Vieux-Augustins, maison dite hôtel de la Providence ; qu'elle dit s'être couchée et n'être sortie de son appartement, que le vendredi matin pour s'être promenée, que l'après-midi elle n'est point sortie, qu'elle s'est mise à écrire que le lendemain samedi, le matin vers les sept heures et demie huit heures, elle est sortie, a été au palais de l'Egalité, où elle a acheté le couteau dont il sera ci-après parlé, a pris une voiture place des Victoires, pour se faire conduire chez le citoyen Marat, chez lequel elle n'a pu se faire Introduire, qu'alors retournée chez elle, elle a pris le parti de lui écrire par la petite poste, et sous un faux nom pour lui demander une audience, que vers les sept heures et demie du soir du même jour, elle a pris une voiture et s'est fait conduire au domicile de Marat pour y recevoir, à ce qu'elle a dit, la réponse à sa lettre que dans la crainte d'essuyer encore un refus, elle s'était précautionnée d'une autre lettre, qu'elle se proposait de faire tenir au Citoyen Marat, mais qu'elle n'en a pas fait usage, que des femmes lui ont ouvert la porte, mais ont refusé de la laisser pénétrer auprès du citoyen Marat ; que ce dernier ayant entendu ladite Corday insister, il a lui-même demandé qu'elle fût introduite auprès de son bain où il était alors ; qu'il fit plusieurs questions à cette femme sur les députés de la Convention présents à Caen, sur leurs noms, et ceux des officiers municipaux, que ladite Corday, les lui a nommés, sur quoi Marat, lui dit qu'ils ne tarderaient pas à être punis de leur rébellion : C'est alors que ladite Corday a tiré le couteau qu'elle avait acheté, le matin, au Palais royal, et aussitôt en a porté un coup à Marat, lequel a pénétré sous la clavicule du col droite entre les premières et secondes vraies côtes et cela si profondément que l'index a facilement pu pénétrer de toute sa longueur à travers le poumon blessé, duquel coup ce représentant du peuple est mort presque à l'instant, que dans les interrogatoires subis par ladite Corday elle est convenue de tous les faits, ajoutant même que son intention, était de tuer Marat, partout où elle le trouverait, même au sein de la Convention ; que lorsqu'elle a été fouillée, il a été trouvé dans son sein une gueine de couteau laquelle elle a reconnue pour celle qui servait au couteau avec lequel elle avait commis l'assassinat.

D'après l'exposé ci-dessus l'Accusateur Public a dressé la présente accusation contre Marie Anne Charlotte CORDAY, pour avoir méchamment et de dessein prémédité étant à Caen, formé le projet d'attenter à la représentation nationale en Assassinant Marat député à la Convention et pour l'exécution de cet infâme projet de s'être transportée à Paris, et le surlendemain de son arrivée en cette ville de s'être fait conduire deux fois différentes au domicile dudit citoyen Marat pour chercher à s'introduire auprès de lui ; qu'ayant réussi à la seconde fois de l'avoir frappé d'un couteau qu'elle avait acheté à Paris, à cet effet duquel coup, ce représentant du peuple est mort à l'instant, ce qui est contraire à l'article trois du titre premier et à l'article onze, section première du titre second du code pénal.

En conséquence l'Accusateur Public requiert qu'il lui soit donné acte de la Présente accusation, qu'il soit ordonné qu'à sa diligence et par huissier du tribunal, porteur de l'ordonnance à intervenir ladite Marie-Anne-Charlotte Corday, actuellement détenue en la maison d'arrêt dite L'abbaye, sera prise au corps arrêtée et transférée sous bonne et sûre garde de ladite maison en celle de justice de la conciergerie du Palais à Paris, où elle sera écrouée sur les registres d'icelle, comme aussi que ladite ordonnance à intervenir sera notifiée à la municipalité de Paris.

Fait au cabinet de l'Accusateur public ce seize Juillet mil sept cent quatre-vingt-treize, l'an second de la république.

Signé : Fouquier-Tinville.

Le Tribunal faisant droit sur le réquisitoire de l'accusateur public, lui donne acte de l'accusation par lui portée contre MARIE-ANNE-CHARLOTTE CORDAY.

En conséquence ordonne qu'à la diligence du requérant et par huissier du tribunal porteur de la présente ordonnance, ladite CORDAY sera prise au Corps, arrêtée et transférée sous bonne et sûre garde de la maison d'arrêt dite l'abbaye où elle est actuellement détenue en celle de Justice de la Conciergerie du Palais à Paris, où elle sera écrouée sur les registres d'icelle, comme aussi que la présente ordonnance sera notifiée à la municipalité de Paris.

Fait et jugé au Tribunal le seize juillet mil sept cent quatre-vingt-treize, l'An second de la République, par les citoyens Jacques Bernard Marie MONTANE, Président; Etienne FOUCAULT et Antoine ROUSSILLON, Juges du Tribunal, qui ont signé :

Montané, Foucault, Roussillon.

Jugement du Tribunal révolutionnaire

Vu par le tribunal criminel révolutionnaire établi par la loi du 10 Mai 1793, sans recours au tribunal de Cassation, et encore en vertu des pouvoirs délégués au tribunal par la loi du 5 Avril de la même année.

L'acte d'accusation dressé par l'Accusateur public dudit tribunal, contre MARIE-ANNE-CHARLOTTE CORDAY, ci devant Dormant, dont la teneur suit;

Vu l'ordonnance de prise de corps rendue par le Tribunal contre ladite CORDAY, le procès-verbal, de la remise de sa personne en la maison de justice de la Conciergerie, la déclaration du juré du jugement portant qu'il est constant que,

1° Le treize juillet du présent mois entre sept et huit heures du soir, Jean Paul Marat député à la Convention Nationale, a été assassiné chez lui, dans son bain d'un coup de couteau dans le sein, duquel coup il est décédé à l'instant;

2° que Marie-Anne-Charlotte Corday, ci-devant Darmant âgée de vingt-cinq ans, fille de Jacques François Corday, ci-devant Darmant, ex-noble, elle habitante de Caen, département du Calvados, est l'auteur de cet assassinat.

3° qu'elle l'a fait avec des intentions criminelles et préméditées.

Le Tribunal, après avoir entendu l'Accusateur Public sur l'application de la Loi, condamne Marie-Anne-Charlotte CORDAY, ci-devant Darmant, à la peine de MORT.

Conformément aux articles quatre de la troisième section du titre premier de la deuxième partie du code pénal, et onze de la première section du titre deux de la même partie dudit code, dont il a été fait lecture, lesquels sont ainsi conçus :

L'Article quatre de la troisième section du titre premier.

« Toute conspiration ou attentat, pour empêcher la réunion, ou opérer la dissolution du corps législatif, ou pour empêcher par force et violence la liberté de ses délibérations, tout attentat contre la liberté individuelle d'un de ses membres, seront punis de mort. Tous ceux qui auront participé auxdites conspirations ou attentats par les ordres qui les auront donnés ou exécutés, subiront la peine portée au présent article. »

L'Article deux de la première section, titre deuxième.

« L'homicide commis avec préméditation sera qualifié d'assassinat et puni de mort », ordonne que ladite Marie-Anne-Charlotte CORDAY sera conduite au lieu de l'exécution revêtue d'une chemise rouge, conformément à l'article quatre du titre premier de la première partie du code pénal, dont il a été aussi fait lecture, lequel est ainsi connu :

« Quiconque aura été condamné à mort pour crime d'assassinat, d'incendie, ou de poison, sera conduit au lieu de l'exécution, revêtu d'une chemise rouge. »

Et ordonne que les biens de ladite Corday sont acquis à la République conformément à l'article deux du titre deux de la Loi du dix mars dernier, dont il a également été fait lecture, laquelle est ainsi conçue :

« Les biens de ceux qui seront condamnés à la peine de mort seront acquis au profit de la République, et il sera pourvu à la subsistance des veuves et des enfants, s'ils n'ont pas de biens d'ailleurs. »

Ordonne en outre que le présent jugement sera, à la diligence de l'Accusateur Public, exécuté sur la place de la Révolution de cette ville, imprimé et affiché partout au besoin sera dans toute l'étendue de la république.

Fait et jugé à Paris, en l'audience du Tribunal, par Jacques Bernard Marie Montané, président; Etienne Foucault, Antoine Rousillon et Jean Audoin, juges, qui ont signé la présente minute avec le greffier.

Le Samedy dix-sept juillet mil sept cent quatre-vingt-treize, deuxième de la république française.

Montané, Foucault, Rousillon, Audoin.

Wolff, commis greffier.

Procès-verbal d'exécution de mort

L'an mil sept cent quatre-vingt-treize deuxième de la République Française,

Le dix-sept juillet six heures et demie du soir,

A la requête du citoyen Accusateur Public près le Tribunal criminel extraordinaire et révolutionnaire, établi à Paris par la loi du 10 Mars 1793, sans aucun recours au Tribunal de Cassation, lequel fait élection de domicile au greffe du dit Tribunal séant au Palais.

Nous, huissiers audienciers au dit Tribunal, demeurant à Paris, soussignés,

Nous sommes transportés en la Maison de Justice du dit Tribunal pour l'exécution du jugement rendu par le Tribunal.

Ce jourd'hui contre la nommée MARIE-ANNE-CHARLOTTE CORDAY ci-devant DORMANT

Qui la condamne à la peine de mort pour les causes énoncées au dit jugement et de suite l'avons remise à l'Exécuteur des Jugements criminels, qui l'a conduite sur la Place de la Révolution de cette ville, où sur un échafaud dressé sur ladite place la dite Marie-Anne-Charlotte Corday,

A en notre présence, subi la peine de mort, et de tout ce que dessus avons fait et rédigé le présent Procès-Verbal, pour servir et valoir ce que de raison, dont acte.

Monet-Tirraz

Enregistré à Paris, le 20 Juillet 1793 – Breuve

ETAT ÉCONOMIQUE DE LA PAROISSE DU MESNIL-IMBERT DRESSÉ EN 1788 PAR JACQUES FRANÇOIS DE CORDAY D'ARMONT

« La paroisse composée de 42 ménages en 182 individus de tout âge et de tout sexe, dont un curé et un vicaire ou chapelain fondé; quatre gentilshommes y compris le seigneur y possèdent des fonds; deux seulement y demeurent, point de privilégiés d'ailleurs. Le curé fait valoir sa cure et un pré, cédé par la fabrique pour une partie de la nourriture du vicaire et sa dime; un autre gentilhomme, seigneur de la paroisse, fait valoir la nourriture de deux chevaux et une vache. Je fais valoir une petite ferme que j'y possède, mais j'en paye la taille sous le nom de mon domestique et jouis dans une autre paroisse de mon privilège auquel je renoncerai avec plaisir sitôt que cela contribuera au soulagement de la misère publique. Nous avons beaucoup de pauvres et surtout de veuves et de pères chargés de nombreuses familles, mais quoiqu'il n'y ait qu'un petit pré de demi vergées, il n'y a pas de mendiants. Point de manufactures. Notre commerce est du charbon, de l'eau de vie, du beurre, des fromages, des bœufs, des vaches. Nous n'avons pas de gentilhomme plus pauvre que moy et je n'ai pas besoin de secours. Nous n'avons éprouvé aucun fléaux, les travaux ordinaires nous laissent sans travaille plusieurs temps de l'année, à moins qu'il ne se trouve des bois en coupe. Nuls chemins de communication avec aucun bourg ni ville excepté Livarot; on y va à somme; mais les chemins sont si mauvais qu'ici huit jours qu'un cheval de la paroisse s'est abîmé sous sa somme. Nul atelier de charité. On a regardé le pays d'Auge comme un pays perdu. Les débouchés qui nous eussent donné le moyen de vendre nos denrées les auraient rendues plus communes dans les villes; une lieue de route depuis la Combette Jusqu'au dessus de la Forge Caumont eût ouvert le pays et la communication depuis Lisieux jusqu'à Argentan par Livarot et Trun. La cavée d'Auge raccommodé donne une communication de Trun à Vimoutiers. Une route qui partirait de l'Autellerie-Faron venant traverser la route de Livarot à Trun, soit au Mesnil-imbert ou Montpinçon et qui se dirigerait vers Falaise au moyen de quatre lieues de route ouvrirait le Pays d'Auge en tous sens, Alors chaque paroisse dirigerait un chemin pour accéder à l'une de ces routes de charité et la denrée d'une facile exportation, porterait l'abondance à Argentan et à Falaise, en enrichissant les campagnes qui les approvisionneraient. Nos terres situées entre la route de Livarot et Trun et la petite rivière La Monné sont en pente. La hauteur produit du bois qu'on convertit en charbon faute de débouchés, de nouveaux couchés, des broussailles, des bruyères ; quelques labours. Le bas des herbes. Encore est-on obligé de convertir les boissons en eau de vie pour pouvoir s'en défaire. Les femmes s'occupent à filler du fil de lin dont on fait des toiles, qui blanchies à Vimoutiers se vendent à Paris. Mais ce commerce va très mal. »

Valeur Monétaire sous la révolution :

L'écu vaut trois ou six livres en fonction de la pièce.

Une livre vaut 20 sols, le sol 12 deniers.

D'après la banque de France et même s'il est difficile d'établir un rapport exact, on peut évaluer :

L'écu de 3 livres à 15,96 euros

L'écu de 6 livres à 31,93 euros
Une livre à 5,19 euros
Un sol à 0,25 euro
Un denier à 0,02 euro
Le collier de la reine évalué à 1 600 000 livres valait donc 8 304 000 euros !

FILMOGRAPHIE

Charlotte Corday (film français 1908).
Production S.C.A.G.L.- Film Pathé.
Réalisation de Camille de Morlhon et Georges Denola.

Charlotte Corday (Film Américain 1914).
Production Kennedy Features Inc.
Avec Constance Crawley (Charlotte) Arthur Maude (Marat) Félix Modjeska (Barbaroux).

Charlotte Corday (film Allemand, 1919.)
Production de Berliner film-Manufaktur.
Réalisation de Frédéric Zelnik avec Lya Mara dans le rôle de Charlotte Corday.

The Persecution and assassination of Jean-Paul Marat (Film Anglais, 1966).
Production Richard Birxett.
Réalisation Peter Brook avec Glenda Jackson dans le rôle de Charlotte Corday et Ian Richardson dans le rôle de Marat.

MARAT

Chronologie

1743	24 avril : Naissance à Boudry dans le Canton de Neuchâtel qui appartient alors à la Prusse.
1759-1760	Départ pour Bordeaux.
1760-1762	Précepteur des enfants de Paul Nairac.
1762-1765	Séjour à Paris. Marat se forme à la philosophie des Lumières.
1765	Marat est à Londres.
1770	Vétérinaire à Newcastle.
1771	Rédaction des *Aventures du jeune comte Potowski.*
1772	*Essay on the human soul* publié anonymement.
1773	*A philosophical essay on man* publié anonymement.
1774	Publication des *Chaînes de l'esclavage.* Achat de son diplôme de médecin à l'université de Saint-Andrews. Accession au troisième degré de la Franc-Maçonnerie.
1776	Voyages aux Pays-Bas, Suisse, France. Traduction française de l'*Essai sur l'Homme.* Publication de *De l'Homme ou des principes et des lois de l'influence de l'âme sur le corps et du corps sur l'âme.*

1777	Marat s'installe à Paris et entreprend une carrière de médecin. Soigne Mme de L'Aubespine avec succès. Nommé médecin du comte d'Artois.
1778	Rédaction du *Plan de législation criminelle.* Marat établit de sérieuses expériences sur la lumière et sur le feu. Son Mémoire reçoit les félicitations de l'Académie de Berlin.
1779-1782	Marat découvre les bienfaits de l'électricité et publie plusieurs articles.
1783	L'Académie de Rouen couronne son *Mémoire sur l'électricité médicale.* Marat est remercié par le comte d'Artois.
1785	Marat présente son *Mémoire sur les expériences hétérogènes* à l'Académie de Lyon. Echec.
1786-1788	Marat multiplie les concours académiques. Seule l'Académie de Rouen l'encourage. Parution de *l'Offrande à la Patrie.*
1789	Marat participe aux actions populaires. Elu au district des Carmes pour la préparation des Etats Généraux, il travaille à la rédaction de son premier journal *Le Publiciste parisien* qui devient *l'Ami du peuple* le 16 septembre. 5-6 octobre : Marat appelle le peuple à s'insurger. 8 octobre : Suite à plusieurs plaintes, il est obligé de vivre dans la clandestinité. La parution de *L'Ami du Peuple* est suspendue jusqu'au 5 novembre.
1790	Le début d'année est marqué par une nouvelle période de clandestinité. Marat est condamné par le Châtelet et doit fuir très provisoirement en Angleterre. La parution de *L'Ami du Peuple* reprend au mois de mai avec une très sévère calomnie de Mirabeau et de La Fayette. Le célèbre pamphlet *C'en est fait de nous* paraît au mois de juillet. *On nous endort, prenons-y garde* et *C'est un beau rêve, gare au réveil,* en août.
1791	Dès le début du printemps, Marat dénonce la fuite proche de la famille royale et met en garde. Il est

hébergé par les sœurs Evrard. Il promet de se marier prochainement avec l'une d'elles, Simone.

1792 Rencontre avec Robespierre.

Décret d'arrestation de Marat lancé par l'Assemblée Nationale en Mai. Appel immédiat à l'insurrection. Marat n'est pas inquiété et devient même le 2 septembre adjoint au comité de surveillance de la Commune de Paris, le 9 il est élu député de Paris à la Convention.

Echec du décret d'arrestation lancé par les Girondins contre Marat en septembre.

En Octobre, il intervient pour la première fois au club des Jacobins. Il appelle à voter la mort du Roi.

1793 Marat devient président des Jacobins pour un soir. Puis, sous la pression des Girondins, il est arrêté et jugé en avril devant le Tribunal Révolutionnaire. Acquittement et triomphe.

Dès juin, Marat, malade, ne peut plus sortir de chez lui.

Le 13 juillet, Charlotte Corday l'assassine.

PORTRAIT DE MARAT
par lui-même

Je demande pardon à mes lecteurs si je les entretiens aujourd'hui de moi ; ce n'est ni amour-propre, ni fatuité, mais simple désir de mieux servir la chose publique. Comment me faire un crime de me montrer tel que je suis, lorsque les ennemis de la liberté ne cessent de me dénigrer, en me représentant comme un cerveau brûlé, un rêveur, un fou, ou comme un anthropophage, un tigre altéré de sang, un monstre qui ne respire que le carnage, et cela pour inspirer l'effroi à l'ouïe de mon nom et empêcher le bien que je voudrois, que je pourrois faire.

Né avec une âme sensible, une imagination de feu, un caractère bouillant, franc, tenace, un esprit droit, un cœur ouvert à toutes les passions exaltées et surtout à l'amour de la gloire, je n'ai jamais rien fait pour altérer ou détruire ces dons de la nature, et j'ai tout fait pour les cultiver.

Par un bonheur peu commun, j'ai eu l'avantage de recevoir une éducation très soignée dans la maison paternelle, d'échapper à toutes les habitudes vicieuses de l'enfance, qui énervent et dégradent l'homme, d'éviter tous les écarts de la jeunesse et d'arriver à la virilité sans n'être jamais abandonné à la fougue des passions : j'étois vierge à vingt et un ans et déjà j'étois depuis longtemps livré à la méditation du cabinet.

La seule passion qui dévoroit mon âme était l'amour de la gloire : mais ce n'étoit encore qu'un feu qui couvoit sous la cendre. C'est de la nature que je tiens la trempe de mon âme, mais c'est à ma mère que je dois le développement de mon caractère; car mon père n'aspira jamais à faire autre chose de moi qu'un savant.

Cette femme respectable, dont je déplore encore la perte, cultiva mes premiers ans; elle seule fit éclore dans mon cœur la philanthropie, l'amour de la justice et de la gloire, sentiments précieux; bientôt ils sont devenus les seules passions qui, dès lors, ont fixé les destinées de ma vie. C'est par mes mains qu'elle faisait passer les secours qu'elle donnoit aux indigents et le ton d'intérêt qu'elle mettoit en leur parlant m'inspira celui dont elle étoit animée.

L'amour des hommes est la base de l'amour de la justice, car l'idée du juste ne se développe pas moins par le sentiment que par la raison. J'avois déjà le sens moral développé à huit ans; à cet âge je ne pouvois soutenir la vue des mauvais traitements exercés contre autrui, l'aspect d'une cruauté me soulevoit d'indignation, et toujours le spectacle d'une injustice fit bondir mon cœur comme le sentiment d'un outrage personnel.

Pendant mes premières années, mon physique étoit très débile; aussi n'ai-je connu ni la pétulance, ni l'étourderie, ni les jeux de l'enfance. Docile et appliqué, mes maîtres obtenoient tout de moi par la douceur. Je n'ai jamais été châtié qu'une fois et le ressentiment d'une humiliation injuste fit en moi une si forte impression qu'il fut impossible de me ramener sous la férule de mon instituteur; je restai deux jours entiers sans vouloir prendre aucune nourriture. J'avois alors onze ans; on jugera de la fermeté de mon caractère, à cet âge, par ce seul trait. Mes parents n'ayant pu me faire fléchir et l'autorité paternelle se croyant compromise, je fus renfermé dans une chambre; ne pouvant résister à l'indignation qui me suffoquait, j'ouvris la croisée et je me précipitai dans la rue. Heureusement la croisée n'étoit pas élevée; mais je ne laissai pas de me blesser violemment dans la chute; j'en porte encore la cicatrice au front.

Les hommes légers qui me reprochent d'être une tête verront ici que je l'ai été de bonne heure; mais ce qu'ils refuseront peut-être de croire, c'est que dès mon bas âge j'ai été dévoré de l'amour de la gloire, passion qui changea souvent d'objet dans les diverses périodes de ma vie, mais qui ne m'a jamais quitté un instant. A cinq ans j'aurois voulu être maître d'école, à quinze ans professeur, auteur à dix-huit, génie créateur à vingt, comme j'ambitionne aujourd'hui la gloire immortelle de m'immoler pour la patrie. Voilà ce que m'ont fait la nature et les leçons de mon enfance : les circonstances et mes réflexions ont fait le reste.

J'étais réfléchi à quinze ans, observateur à dix-huit, penseur à vingt et un. Dès l'âge de dix ans j'ai contracté l'habitude de la vie studieuse; le travail de l'esprit est devenu pour moi un véritable besoin, même dans mes maladies, et mes plus doux plaisirs je les ai trouvés dans la méditation, dans ces moments paisibles où mon âme contemple avec admiration la magnificence du spectacle de la nature, ou lorsque repliée sur elle-même elle semble s'écouter en silence, peser à la balance du bonheur la vanité des grandeurs humaines, percer le sombre avenir, chercher l'homme au-delà du tombeau et porter une inquiète curiosité sur les destinées éternelles.

A part le petit nombre d'années que j'ai consacrées à l'exercice de la médecine, j'en ai passé vingt-cinq dans la retraite, à la lecture des meilleurs ouvrages de science et de littérature, à l'étude de la nature, à des recherches profondes et dans la méditation. Je crois avoir épuisé à peu près toutes les combinaisons de l'esprit humain sur la morale, la philosophie et la politique pour en recueillir les meilleurs résultats. J'ai huit volumes de recherches métaphiques (sic), anatomiques et physiologiques sur l'homme. J'en ai vingt de découvertes sur les différentes branches de la physique; plusieurs sont publiés depuis longtemps, les autres sont dans mes cartons. J'ai porté dans mon cabinet le désir sincère d'être utile à l'humanité, un saint respect pour la vérité, le sentiment de bornes de l'humaine sagesse et une passion dominante de l'amour de la gloire; c'est elle seule qui a décidé du choix des matières que j'ai traitées et qui m'a fait constamment rejeter tout sujet sur lequel je ne pouvois pas me promettre d'arriver au vrai, à de grands résultats et d'être original; car je ne puis me résoudre à remanier un sujet bien traité ni à ressasser les ouvrages des autres.

J'oserais me flatter de n'avoir pas manqué mon but à en juger par l'indigne persécution que n'a cessé de me faire pendant dix années l'académie royale des sciences lorsqu'elle se fut assurée que mes découvertes sur la lumière renversaient ses travaux depuis un siècle, et que je me souciai fort peu d'entrer [dans] son sein. Comme les Dalembert, les Caritat, les Leroi, les Meunier, les Lalandes, les Laplace, les Monges, les Cousins, les Lavoisier, et les charlatans de ce corps scientifique, voulaient être seuls sur le chandelier et qu'ils tenaient dans leurs mains les trompettes de la renommée, croira-t-on qu'ils étoient parvenus à déprécier mes découvertes dans l'Europe entière, à soulever contre moi toutes les sociétés savantes et à me fermer tous les journaux, au point de n'y pouvoir même faire annoncer le titre de mes ouvrages, d'être forcé de me cacher et d'avoir un prête-nom pour leur faire approuver quelques-unes de mes productions. Je gémissois depuis cinq ans sous cette lâche oppression, lorsque la révolution s'annonça par la convocation des Etats Généraux. J'entrevis bientôt où les choses viendroient et je commençai à respirer dans l'espoir de voir enfin l'humanité vengée, de concourir à rompre ses fers et de me mettre à ma place.

Ce n'étoit encore là qu'un beau rêve, il fut à la veille de s'évanouir ; une maladie cruelle me menaçoit d'aller l'achever dans la tombe. Ne voulant pas quitter la vie sans avoir fait quelque chose pour la liberté, je composai *L'Offrande à la Patrie* sur un lit de douleur. Cet opuscule eut beaucoup de succès ; il fut couronné par la société patriotique du Caveau et le plaisir que j'en ressentis fut la principale cause de mon rétablissement.

Rendu à la vie, je ne m'occupai plus que des moyens de servir la cause de la liberté.

Je ne tardai pas à m'indigner de la mauvaise foi de Necker et de ses efforts criminels pour rendre illusoire la double représentation et arrêter la réforme du gouvernement qu'il avoit provoquée.

Je ne tardai pas non plus à m'indigner du manque de zèle des députés du peuple et de la tiédeur de leurs efforts contre les ordres privilégiés qui vouloient dissoudre les États Généraux. Craignant qu'ils ne manquassent de vues ou de moyens, je publiai mon plan de constitution après avoir été pendant six semaines en relations avec ceux qui passoient alors pour les plus chauds patriotes. Chapelier, Syeys, Rabaud, Barnave, Duport, etc., mais j'eus bientôt lieu de reconnaître que leur nullité apparente tenoit à toute autre cause qu'à un défaut de lumière et je sentis qu'il fallait bien plus travailler à combattre les vices que les erreurs. Cela ne pouvoit se faire qu'au moyen d'une feuille journalière où l'on feroit entendre le langage de l'austère vérité, où l'on rappeleroit aux principes le législateur, où l'on démasqueroit les fripons, les prévaricateurs, les traîtres, où l'on dévoileroit tous les complots, où l'on éventeroit tous les pièges, où l'on sonneroit le tocsin à l'approche du danger.

J'entrepris donc *L'Ami du Peuple*; on connoît les succès de cette feuille, les coups terribles qu'elle a portés aux ennemis de la révolution, et les persécutions cruelles qu'elle a attirées à son auteur.

En portant mes regards sur l'Assemblée nationale, j'avois bien compris que, composée comme elle l'était en majeure partie d'ennemis de la liberté, il étoit impossible qu'elle travaillât sincèrement à la faire triompher; aussi démontrai-je la nécessité d'en exclure les nobles, les prélats, les bénéficiers, les robins, les financiers, les créatures de la Cour et les suppôts de la chicane. Les voyant sans cesse machiner en secret pour arrêter la constitution, attendre les événements pour la renverser et feindre d'y travailler loyalement dans les seuls temps de crise, je ne cesserai de revenir sur la nécessité indispensable de purger le Sénat national par la proscription de ces ennemis publics de tous les emplois de confiance. Et si, poussé au désespoir à la vue de leurs attentats, de leurs complots sans cesse renaissants et à l'ouïe des meurtres et des massacres de tant de patriotes qu'ils ont fait égorger, l'indignation m'a enfin arraché cette triste vérité qu'il n'y avait point de liberté, de sûreté et de paix à espérer pour nous, que ces lâches machinateurs ne fussent retranchés du nombre des vivants, c'est lorsque j'ai été bien convaincu que leur mort étoit le seul moyen d'assurer le salut public. Vérité si bien sentie par tous les peuples qui ont rompu leurs fers que c'est par le sacrifice des ennemis de la liberté qu'ils ont commencé leurs révolutions.

Depuis que j'ai pris la plume pour la défense de la patrie, on n'a jamais pris la peine de réfuter mes opinions ; mais chaque jour on a publié contre moi une multitude de libelles atroces. Ceux que le gouvernement a fait imprimer pour contrebalancer l'influence de ma feuille et me diffamer ne tiendroient pas dans l'église Notre-Dame. Qu'ont-ils produit ? Rien que d'enrichir les libellistes et les imprimeurs. Quant à moi, ils ne m'ont pas fait perdre une ombre de popularité pour ceux qui peuvent m'entendre et qui savent lire.

Je sais bien que mes écrits ne sont pas faits pour rassurer les ennemis de la patrie ; les fripons et les traîtres ne craignent rien tant que d'être démasqués. Aussi le nombre des scélérats qui ont juré ma perte est-il prodigieux.

Forcés de couvrir leurs ressentiments, leurs basses vengeances, leur soif de mon sang, du manteau de l'amour de l'humanité, du respect pour les lois, ils vomissent du matin au soir contre moi mille impostures atroces et ridicules. Les seules qui ont trouvé des dupes et qu'ils ne se lassent point de répéter, c'est que je suis un cerveau brûlé, un fou atrabilaire, ou bien un monstre sanguinaire, ou bien un scélérat soudoyé. Je ne daignerois pas repousser ces absurdes calomnies si un grand nombre de mes collègues encore égarés sur mon compte par des scélérats intéressés n'attendoient de moi une réponse victorieuse. Je puis la leur donner.

Qu'ils lisent les écrits que j'ai publiés au commencement de la Révolution, *L'Offrande à la Patrie*, mon *Plan de Constitution*, mon *Code de Législation criminelle* et les cent premiers numéros de *L'Ami du Peuple* et qu'ils me disent dans quel ouvrage renommé par la sagesse et la philanthropie ils trouvent plus de ménagement, de prudence, de modération, d'amour des hommes, de la liberté et de la justice.

Ils me font un crime d'avoir demandé la tête des traîtres et des conspirateurs. Mais les ai-je jamais voués, ces scélérats, aux vengeances du peuple que lorsqu'ils bravoient impunément le glaive de la justice et que les ministres des lois n'étoient occupés qu'à leur assurer l'impunité. Et puis où est donc le si grand crime que d'avoir demandé cinq cents têtes criminelles pour en épargner cinq cent mille innocentes ! Ce calcul même n'est-il pas un trait de sagesse et d'humanité ?

Ils m'accusent d'être un scélérat vendu. Mais je pouvois amasser des millions en vendant simplement mon silence et je suis dans la misère; j'ai perdu par la révolution mon état, les restes de ma fortune et il me reste pour patrimoine deux mille écus de dettes que m'ont laissés les fripons à qui j'avois donné ma confiance, qui ont abusé de mon nom et qui m'ont dépouillé.

J'ai développé mon âme tout entière à ceux de mes honnêtes collègues qui semblent ne demander qu'à me connoître à fond pour se rapprocher de moi et travailler enfin au bien du peuple, trop longtemps oublié, par les cruelles dissensions qui règnent dans l'assemblée. Je suis prêt à toutes les condescendances qui ne compromettent point le salut public, les droits et les intérêts de la nation; je n'exige de leur part que de la bonne foi; qu'ils disent un mot et je suis prêt à me concerter avec eux sur les moyens d'assurer la liberté, la paix et le bonheur de la nation. Je ne demande pas mieux que de poser le fouet de la censure pour la règle du législateur mais si, abusant de ma confiance, ils ne vouloient qu'enchaîner ma plume, qu'ils sachent qu'elle ne le seroit qu'un instant, je m'empresserois de les marquer du sceau de l'opprobre, et ils seroient mes premières victimes, car je ne consentirai jamais à tromper le peuple.

Jean-Paul MARAT.

PORTRAIT DE MARAT
par Fabre d'Églantine

Aristocrates et démagogues, feuillants et patriotes, royalistes et républicains, étrangers et Français, hommes et femmes, jeunes et vieux, froids et indifférents, chaleureux, exagérés, tout le monde a voulu parler de Marat, tout le monde en a parlé ; chacun se l'est figuré d'après soi-même, chacun l'a peint à sa guise ; chacun l'a montré ou vu selon l'esprit de son parti, et selon le plus ou moins de lumière ou d'aveuglement, d'instinct ou de raison, de penchant ou de calcul, qui déterminaient le choix de ce parti. Il est résulté de cette complication de traits, sous lesquels on cherche Marat, non pas un portrait, mais une défiguration complète ; non pas un dessin, mais un barbouillage ; non pas Marat, mais une multitude de personnages contradictoires, dont pas un n'offre deux traits de suite de cet homme célèbre, et vraiment digne de l'être.

Moi, qui ai vu de près Marat, qui l'ai bien connu ; moi, qui, depuis le 14 juillet 1789, l'ai observé et étudié avec attention et constance, à peu près comme j'ai observé et étudié tous les hommes de la Révolution française, de tous les partis, et en proportion des moyens qu'ils m'ont offerts de les observer, je vais essayer de peindre ce martyr de la Liberté, au physique et au moral.

Marat, lorsqu'il est mort, avait vécu de 45 à 50 ans; il était de la plus petite stature; à peine avait-il cinq pieds de haut. Il était néanmoins taillé en force, sans être gros ni gras; il avait les épaules et l'estomac larges, le ventre mince, les cuisses courtes et écartées, les jambes cambrées, les bras forts, et il les agitait avec vigueur et grâce. Sur un col assez court, il portait une tête d'un caractère très prononcé; il avait le visage large et osseux, le nez aquilin, épaté et même écrasé; le dessous du nez proéminent et avancé; la bouche moyenne et souvent crispée dans l'un des coins par une contraction fréquente; les lèvres minces, le front grand, les yeux de couleur gris jaune, spirituels, vifs, perçants, sereins, naturellement doux, même gracieux et d'un regard assuré; le sourcil rare, le teint plombé et flétri; la barbe noire, les cheveux bruns et négligés; il marchait la tête haute, droite et en arrière, et avec une rapidité cadencée, qui s'ondulait par un balancement de hanches; son maintien le plus ordinaire était de croiser fortement ses deux bras sur la poitrine. En parlant en société, il s'agitait avec véhémence, et terminait presque toujours son expression par un mouvement du pied qu'il tournait en avant, et dont il frappait la terre, en se relevant subitement sur la pointe, comme pour élever sa petite taille à la hauteur de son opinion. Le son de sa voix était mâle, sonore, un peu gras et d'un timbre éclatant; un défaut de langue lui rendait difficiles à exprimer nettement le c et l's, dont il mêlait la prononciation à la consonance du g, sans autre désagrément sensible que d'avoir le débit un peu lourd; mais le sentiment de sa pensée, la plénitude de sa phrase, la simplicité de son élocution et la brièveté de son discours, effaçaient absolument cette pesanteur maxillaire. À la tribune, s'il y montait sans obstacle ni indignation, il se campait avec assurance et fierté, le corps effacé, la main droite sur la hanche, le bras gauche tendu en avant sur le pupitre, la tête en arrière, tournée en trois quarts, et un peu penchée sur l'épaule droite.

S'il avait, au contraire, à vaincre à la tribune les hurlements de l'aristocratie, les chicanes de la mauvaise foi et le despotisme d'un président, il attendait le calme avec constance, et la parole avec audace, il prenait une attitude hardie, croisait diagonalement ses deux bras sur la poitrine, et en s'effaçant vers la gauche, donnait à sa physionomie et à son regard un caractère sardonique, dont il ne manquait pas d'exprimer tout le cynisme dans son discours.

Il [s'habillait] d'une manière négligée; son insouciance sur ce point annonçait une ignorance complète des convenances de la mode et du goût, et l'on peut dire même l'air de la malpropreté.

Marat, avant la Révolution, s'était déjà fait un nom parmi les savants; l'étude de la physique et des sciences spéculatives avait aiguisé son imagination, déjà très vive. À la pénétration naturelle qu'il avait, se joignait presque toujours cette perspicacité conjecturative, dont souvent quelqu'une de ses passions le portait à abuser : il avait fait une étude profonde et suivie des hommes; il pénétrait rapidement le profond motif de leurs actions, mais il était flatté de le deviner seul. Quand les autres le devinaient avec lui, il s'efforçait quelquefois de pénétrer un motif plus profond ; alors son illusion l'égarait souvent, et d'autant plus qu'il exprimait parfaitement bien ses conjectures, et qu'il les expliquait dans la saine théorie du cœur humain.

J'ai dit qu'il avait bien étudié, et connaissait les hommes ; mais ses études raisonnées avaient été faites sur des sujets vicieux et corrompus.

Des hypocrites de société, des charlatans, des philosophistes intolérants, des empiriques, des savants immoraux, des littérateurs rampants, des émules envieux et lâches, et en général des hommes attachés ou brûlant d'être attachés à la cour, aux grands et aux riches, c'est-à-dire des hommes pervers et perfides, voilà sur quels sujets il exerça, dans l'époque de son âge la plus vigoureuse, cet esprit d'analyse et d'observation qui lui donna pour résultat ce mépris qu'il avait en général pour ce qu'on appelait, en ce siècle, les gens du monde, surtout pour les hommes éclairés de cette classe, quand ils n'étaient pas fortement caractérisés par la simplicité et dans leurs raisonnements et dans leur élocution. Le plus grand patriote, c'est-à-dire l'homme de ce renom, mais sophiste ou versatile, mais contourné ou prétentionneux, lui devenait suspect dès le premier moment.

Il paraît que les premières années de sa vie se sont écoulées à la campagne ou dans des lieux simples et retirés ; c'est là que la bonté de son naturel s'était développée et consolidée par l'aspect de la nature et des hommes le plus rapprochés d'elle, et par l'influence d'un état de mœurs simples et paisibles. De là dérivait cet amour ardent qu'il avait pour le Peuple, cette connaissance qu'il avait des choses naturelles tant au moral qu'au physique, cette simplicité continue dont sa personne, sa pensée, ses discours et ses actions, étaient caractérisés. En tout, son discernement expliquait les choses par les causes les plus naturelles ; en tout, son génie recourait au plus simple moyen : voilà pourquoi il paraissait presque toujours extravagant aux hommes soumis aux préjugés, dominés par l'habitude, entraînés par la routine, et dupes, ou feignant de l'être, de notre hypocrisie sociale et de la perfidie du siècle.

J'ai dit que Marat avait un amour ardent pour le Peuple ; mais il ne l'a jamais flatté : nul n'a plus que lui prononcé un ferme attachement, un zèle vif pour la masse nationale ; nul n'a plus hardiment peint la corruption de nos mœurs. L'amertume de sa satire sur cet objet a toujours égalé son horreur pour la flatterie ; et à ce propos, je pose en fait que nul être sur ce globe, avant et depuis notre régénération qui a retrempé les âmes grandes, belles et fortes, que nul, dis-je, n'a entendu le plus léger mot d'adulation sortir de la bouche de Marat : signe précieux et caractéristique du vrai patriotisme ! Cachet incontestable de l'élévation de l'âme, sans laquelle on n'est pas patriote ! Car avant d'être patriote, il faut être homme, et l'homme se distingue à la dignité de son être.

En matière d'ordre et de convenances morales, en matière de belles-lettres, Marat avait un goût sûr et même délicat, non pas de ce goût dont les nuances varient selon les mœurs et les temps, mais de ce goût fondamental qui n'est autre que l'accord de la raison et de la nature.

Ce goût et sa simplicité, autant que son patriotisme, lui avaient rendus odieux le charlatanisme et les charlatans de toute espèce, et surtout ceux qu'il voyait dans la tribune oratoire. Aussi ne manquait-il jamais de les apostropher et de les traiter de jongleurs, avec une amertume et un cynisme qui, presque toujours, en comblant de plaisirs ses amis et ceux de la vérité, les frappaient encore plus d'étonnement.

Marat avait de l'orgueil, quelquefois une vanité folle, et même, si l'on peut s'exprimer ainsi, une fatuité politique. Ces défauts, dont pas un homme sur la terre n'est peut-être exempt; ces défauts qui, modifiés de cent mille manières différentes, semblent inhérents à l'homme social, avaient néanmoins dans Marat une source louable et un principe généreux, plutôt qu'une forme séduisante. Il croyait et disait souvent « que lui seul était capable de sauver la Liberté »; mais un tel aveu, et presque toujours exprimé d'une manière tranchante, qui partait d'une persuasion intime, ne lui échappait que lorsque ses amis lui prêchant la patience, et de la mesure, n'épousaient pas son opinion hardie, ou ne demeuraient pas d'accord de l'urgence ou de la possibilité des moyens qu'il proposait : l'événement ensuite venait-il à justifier sa façon de voir et d'agir (et cela est souvent arrivé), il n'est pas étonnant que l'accomplissement de ses prédictions et son triomphe lui donnassent de l'orgueil; cet orgueil, paraissant juste, en était moins choquant; là commençait la vanité; de là s'ensuivaient quelques petits accès de fatuité, que j'appelle politique, puisqu'elle n'avait de rapport qu'à la Patrie : mais comme il avait un esprit juste et un bon esprit, ces petites échappées ne duraient qu'un instant ; et comme leur effusion brusque, exaltée et folle, n'attirait l'humeur ni les reproches de personne, il était toujours le premier à les réprimer et à rentrer dans sa bonhomie naturelle, car il en avait.

Il avait plus que de la bonhomie. L'une des bases de son caractère était cette pudeur ineffaçable qu'engendrent et nourrissent toujours, dans une âme honnête, la simplicité, l'amour du vrai, le sentiment du beau et du bon ; aussi rien ne l'indignait plus que l'impudence. L'aspect de l'effronterie unie à la dissimulation, tantôt lui donnait des accès convulsifs, tantôt lui donnait, dans le discours et jusque dans l'attitude, une dignité mâle, une fierté grave, sous lesquelles sa petite stature disparaissait, et qui en ont imposé plus d'une fois à ses effrénés antagonistes. Je vous rappelle à la pudeur, était alors sa locution favorite ; et quoiqu'il ait eu souvent besoin d'en user, l'expression qu'il y mettait en était si fortement sentie, qu'elle ne parut jamais parasite dans sa bouche.

J'ai dit que Marat avait de la bonhomie : c'est à cette qualité, que peu de gens savaient démêler en lui, qu'il faut attribuer une singularité remarquable dans cet homme, et qu'il est facile d'expliquer. Souvent lorsqu'une question importante et majeure, et sur laquelle il pouvait obtenir la parole, l'amenait à la tribune, vous l'eussiez vu, recueilli et plein de sa matière, entamer la question par un exposé précis et lumineux, la traiter ensuite avec d'autant d'ordre, de raison et de force que de profondeur, mais toujours brièvement ; sa dialectique était pressante, et sa conclusion frappante de sagesse. Il étonnait ses adversaires autant qu'il les embarrassait ; son triomphe éclatait par leur confusion et par le ravissement des patriotes ; sa tête alors se montait, son amour pour la justice et pour la vérité lui faisait illusion ; il en croyait toute l'assemblée pénétrée comme lui ; il se figurait l'occasion excellente pour faire triompher la Patrie ; et le voilà soudain qui, remontant à la tribune, venait avec confiance présenter ses moyens d'utilité et de régime politique, dont l'audace, quoique juste en calcul, ayant toujours l'air de l'exagération, formait, avec son discours précédent, un contraste apparent si marqué, une disparate si forte, que presque tout le monde en était soulevé ; tandis que lui, lui presque seul sentait la cohérence de ses idées et la conséquence de son raisonnement, demeurait tout stupéfait que des gens auparavant si sages de l'écouter, fussent si peu raisonnables de l'improuver dix minutes après : pur effet de sa facilité à croire à l'empire de la vérité ; effet aussi de son impuissance de dissimuler.

Ces scènes, plusieurs fois répétées, avaient appris aux ennemis de la Patrie, ses adversaires, à lui tendre des pièges. Plus d'une fois ils se sont servis de sa franchise abondante et impétueuse pour s'en faire des armes, et pour qu'en raison des circonstances qu'ils préparaient, sa véracité fût un crime. Perfidie atroce ! qui seule ouvrait à Marat l'abord de la tribune, que l'on interdisait à toute la Montagne.

Cette inhabileté dans la mesure ne prouve pas l'inexpérience de Marat, que ses écrits et sa perspicacité ne permettent pas d'admettre ; mais elle prouve sa naïveté. Quoique l'imposture des couleurs et du pinceau dont les traîtres se sont servis pour peindre ce Patriote semble exclure absolument en lui cette naïveté, il n'en est pas moins vrai que ce fut l'un des attributs distinctifs de son caractère. Cette naïveté dérivait en partie de sa forte sensibilité et de sa faiblesse ; car si tous les hommes faibles ne sont pas sensibles, tous les hommes sensibles sont plus ou moins faibles, mais ils le sont.

« Les coquins, disait souvent Marat, me peignent cruel ; mais qu'ils se trompent ! »

Oui, Marat était fortement sensible, et Marat était très faible. Puisqu'il était naïf, sensible et faible, Marat devait être crédule, et il l'était. Par ces qualités, apanage d'un bon naturel, que de maux les traîtres ont faits à la Patrie ! Les perfides ont eu constamment le soin de le faire cerner et circonvenir par des hommes tantôt fourbes et patelins, tantôt affectant l'austérité ou la rudesse, mais jouant toujours le patriotisme, qui tantôt l'obsédaient de mensonges, tantôt exaspéraient son âme ardente, tantôt précipitaient ses combinaisons politiques, et tantôt le poussaient à l'imprudence de l'indignation. Les lumières, les talents et l'expérience ne balancent jamais la confiance d'un honnête homme ; et quand le zèle est extrême, la confiance est sans mesure.

Qu'on se représente qu'il suffisait de se dire amant de la Patrie et d'affecter habilement de l'être, pour trouver accès dans l'esprit de Marat ; qu'il suffisait de bénir son patriotisme pour l'enivrer ; qu'il suffisait de se dire malheureux pour l'attendrir et le tromper : sa mort en est bien la preuve ! Et l'on sentira que sa faiblesse et sa crédulité étaient des conséquences de son bon naturel et qu'il n'en faut imputer l'abus qu'aux méchants, dont le propre est de convertir en poison les sources les plus pures.

Mais ce Marat, faible par son cœur ; si nous le considérons sous le rapport de son esprit et de son âme, nous verrons un homme d'une tête forte, d'un courage invincible, d'une fermeté inébranlable. Jamais je ne l'ai vu, dans les orages même les plus violents, sans une présence d'esprit rare et constante. Dans ses desseins, dans leur exécution, dans ses opinions, dans sa haine patriotique, rien ne le faisait dévier, rien ne le faisait fléchir. Ce n'était point opiniâtreté, car il savait écouter la raison et savait la louer dans autrui quand elle surpassait la sienne, et cela d'un air tellement simple, que tel en faisait honneur plutôt à sa propre supériorité qu'à sa candeur. Dans le danger, dans les attaques immédiates et les plus épineuses, dans les persécutions les plus violentes, son courage et son intrépidité furent dignes d'admiration ; nul revers ne l'abattait, nulle considération ne le dominait. On en trouvera la preuve spéciale dans la manière dont il soutint à la Convention l'attaque terrible et combinée de toute l'aristocratie de France dans la personne de ses ennemis présents ; dans la victoire éclatante qu'il remporta, lui seul, sur eux tous, par l'intrépidité de son maintien et la force de sa logique ; dans la terreur qu'il leur renvoya dans l'âme, le mépris à la bouche et le pistolet à la main.

Si nous descendons quelques mois plus bas, nous trouverons dans une époque pareille quant à l'objet, mais différente dans ses circonstances, nous trouverons, dis-je, la preuve que pour subjuguer Marat, il fallait atteindre à son cœur. Lorsque les traîtres, les vrais factieux, plus forts et plus puissants par l'excès de leur crime, vinrent à bout de le faire mettre en état d'arrestation, ô comme après la séance et l'écoulement des députés, lorsqu'il se trouva presque seul dans la salle, environné de quelques patriotes affligés, comme j'observai douloureusement tout à la fois son affliction, son courage et sa présence d'esprit ! Il refusa de livrer sa vie au poison ou à des assassins ; il fut ferme, mais il était triste et peiné ; mais on lisait sur son visage ce poignant chagrin d'un adorateur de la Liberté, qui voit triompher les ennemis de la Patrie, qui voit les patriotes succomber avec leur cause, sous les efforts redoublés de la perfidie et de la scélératesse. Lorsqu'après son jugement il rentra triomphant à la Convention, porté et couronné par le Peuple, si quelque chose causa aux traîtres plus de dépit et de fureur que ce triomphe même, ce furent la modération et la dignité de Marat ; et c'est là qu'il fut facile de juger de la bonté de son esprit, et combien sa raison et ses lumières étaient supérieures à ses passions.

La rapidité des événements de la Révolution qu'il fallait observer, le grand nombre de conspirations qu'il a fallu déjouer, les persécutions successives qui ne laissaient pas aux patriotes le temps de respirer, n'ont pas permis à Marat de nous laisser la preuve qu'il avait conçu ou qu'il était de force à concevoir un système complet de République, combiné dans toutes ses parties. Mais il est néanmoins facile de conjecturer son opinion par ses écrits, quoique ces écrits, enfantés à diverses époques, aient entre eux des différences notables en principes et en résultats. A mesure que la Révolution a marché, à mesure que la République s'est établie, Marat, d'un jour à l'autre, a développé, dans ses feuilles et dans ses discours, les combinaisons par lesquelles le système qu'il désirait à la France s'élaborait dans sa tête. Ceux qui méditeront ce qui nous reste de ce patriote verront qu'il abhorrait autant l'aristocratie que la monarchie, et *l'ochlocratie* encore plus que ces deux premières espèces de gouvernement ; mais ils verront aussi, presque à chaque ligne de ses discours, que si la démocratie était le but de ses désirs et de ses travaux, il la voulait largement combinée et fortement gouvernée.

En général, Marat n'avait point de petites idées ; qui ne l'a pas vu sourire et hausser les épaules, chaque fois qu'un projet de loi grande et fondamentale tombait à la discussion entre les mains des éplucheurs et des formalistes, qui, rongeant à l'envi ce projet, finissaient par le défigurer et le réduire en fatras ? « Il me semble, disait-il, voir un ouvrage d'esprit à la discrétion des puristes ; à force de le corriger, ils en ôtent le caractère ; à force de le perfectionner, ils en font une platitude. » C'était sa comparaison propre, et ses propres mots.

Il manquerait un trait essentiel au portrait de tout homme, si l'on ne parlait pas de ses petitesses. Marat avait la sienne, et même fort plaisante dans un homme tel que lui, dans un homme dont la vivacité des mouvements, l'impétuosité du caractère, et la véracité tranchante ne pouvaient admettre aucune espèce de dissimulation. Marat avait de la prétention au machiavélisme : cet homme dont le regard seul donnait à un œil exercé l'idée la plus claire de sa situation ; cet homme, dont le moindre acte de zèle, quoique vrai, prenait la couleur de l'air affairé ; cet homme voulait qu'on le crût grand théoricien dans l'art de gouverner par la ruse et la cautèle ; il était si bien frappé de cette manie, que, dans les petits cercles intimes, après avoir tempêté contre les ennemis de la Liberté, après avoir exhalé toute sa haine et détaillé tout ce que son caractère lui suggérait de moyens, lorsqu'on mettait sur le tapis la ruse des aristocrates et leurs noirceurs, il se mettait à sourire ; et d'un air parfaitement avantageux, nous priait d'être en repos ; et, se frappant le front, le prétendait rempli de plus de rubriques que n'en pouvaient contenir les cabinets de Vienne, de Petersbourg et de Londres tout ensemble : il n'en était très assurément rien. Etrange, mais assez commune bizarrerie des hommes, de vouloir précisément savoir le mieux la chose qu'ils savent le moins ! Pour peu que Marat s'aperçût de l'incrédulité de ses confidents sur son machiavélisme, il se fâchait, et disait que nous verrions. Hélas ! Quoi qu'on en ait dit, il était bon homme, et sur ce point nous n'avons rien vu de lui.

Marat eut de vrais amis ; il les ménageait peu, les offensait quelquefois ; mais il revenait facilement, promptement et de lui-même à eux, avec un repentir franc, simple, vrai, mais peu démonstratif. Il ne savait garder aucune rancune que contre les aristocrates ; encore lorsqu'ils se masquaient leur pardonnait-il, à la charge de les haïr plus fort le lendemain, pour peu qu'il eût calculé les probabilités de leur conversion.

Marat, enfin, avait du génie, de l'esprit, de l'érudition et du goût, de grandes vertus, quelques défauts, mais point de vices. Il fut patriote excellent, révolutionnaire intrépide. S'il est arrivé quelque mal par lui, la faute en est à ses ennemis et aux traîtres : nul n'a voulu plus que lui le salut de la Patrie ; peu lui ont rendu de plus grands services ; on baptisa de son nom les patriotes malgré eux : si le sentiment reste à ses mânes, peut-être beaucoup de fourbes s'intituleront de ce nom célèbre malgré lui. Marat a bien mérité de la Patrie, et la postérité se souviendra religieusement de lui partout où l'amour de la Liberté sera une passion.

BIBLIOGRAPHIE SOMMAIRE

Albert-Clément, *La vraie figure de Charlotte Corday*, Paris, 1935.

Barbut Frédéric, *La route des Abbayes en Normandie*, Ouest France, 1997.

Berthière Simone, *Marie-Antoinette*, De Fallois, 2002.

Bijaoui Rémy, *Prisonniers et Prisons de la Terreur*, Imago, 1996.

Bire, *La légende des Girondins*, 1881.

Bourgeois, *Les derniers jours de Charlotte Corday*, Paris, S.D.

Chalon, Jean, *Chère Marie-Antoinette*, Perrin, 1988.

Chiappe Jean-François, *Louis XVI*, T1,2,3, Perrin, 1988

Chuquet Arthur, *le Jugement et la mort de Charlotte Corday*, Revue Hebdomadaire du 4 août 1917, P.27-50, in-12.

Coquard Olivier, *Marat*, Fayard, 1993.

Dauxois Jacqueline, *Charlotte Corday*, Albin Michel, 1988.

Debriffe Martial, *Mme Elisabeth*, Le Sémaphore, 1997.

Decours Catherine, *La lettre à Alexandrine*, Perrin, 1999.

Epois Jean, *L'affaire Corday-Marat*, Le cercle d'or, 1980.

Flament Pierre, *Deux mille prêtres normands face à la Révolution*, Perrin, 1989.

Funck-Brentano, *Marat*, Grasset, 1941.

Girault de Coursac Paul et Pierrette, *Louis XVI, Marie-Antoinette, vie conjugale, vie politique, O.E.I.L.*, 1990.

Grouchy (de) et Guillois, *La Révolution Française racontée par un diplomate étranger.*

Guilhaumou Jacques, *La mort de Marat*, Complexe, 1989.

Kermina Françoise, *les dernières charrettes de la Terreur*, Perrin, 1987.

Kermina Françoise, *Mme Roland ou la passion révolutionnaire*, Perrin 1977.

Lamartine, *Histoire des Girondins*, 1847.

La Sicotière Léon (de), *M. de Corday d'Armont, petit-fils de Corneille et père de Charlotte Corday*, BSHAO, 1888.

Lemaire et Poirier, *Marat, homme de Science?* Les empêcheurs de penser en rond, 1993.

Lethuilier Jean, *Le Calvados dans la Révolution*, Corlet, 1990.

Massin Jean, *Marat*, Alinéa, 1988.

Melchio-Bonnet Bernardine, *Charlotte Corday*, Perrin, 1972.

Michelet Jules, *Histoire de la Révolution*, Pléiade, 1942.

Perrier Casimir, *La jeunesse de Charlotte Corday*, revue des deux mondes, 1er Avril 1862, in-8°.

Pons José, *Marat*, Pons, 1999.

Renard Charles, *Charlotte Corday et Doulcet de Pontécoulant*, Charavay, 1860, in-8°.

Shearing Joseph, *Charlotte Corday*, Payot, 1938.

Thiers Adolphe, *La Révolution Française, T1 et 2*, 1865.

Trintzius René : *Charlotte Corday*, Hachette, 1941.

TABLE DES MATIÈRES

Cet ouvrage a été composé et imprimé par la
SOCIÉTÉ NOUVELLE FIRMIN-DIDOT
Mesnil-sur-l'Estrée
pour le compte des Éditions France-Empire
en avril 2005

Imprimé en France
Dépôt légal : avril 2005
N° d'édition : 2013
N° d'impression : 72404